TOLKIEN

UN CLÁSICO DE NUESTROS DÍAS

TOLKIEN
UN CLÁSICO
DE NUESTROS DÍAS

J. M. Miranda Boto
editor

LEGENDARIA
Literatura fantástica

TOLKIEN. Un clásico de nuestros días

EDITOR
J. M. Miranda Boto

AUTORES
José Manuel Ferrández Bru
Helios De Rosario Martínez
María del Carmen Moreno Paz
Cristina Mourón Figueroa
Ana María Mariño Arias
Andoni Cossio
Adriana Taboada González

Diseño de cubierta e interior:
EЯA | Alto Rendimiento Editorial

La publicación de esta obra ha contado con una ayuda de la
UNIVERSIDAD DE SANTIAGO DE COMPOSTELA

EntreAcacias, S.L.
[Sociedad editora]
Covadonga, 8
33002 Oviedo - Asturias (España)
info@legendariaediciones.com
www.legendariaediciones.com

1ª edición: mayo, 2024

ISBN (edición impresa): 978-84-10037-12-0
ISBN (edición digital): 978-84-10037-13-7
Depósito Legal: AS 00197-2024

Impreso en España/*Printed in Spain*
Impreso por Podiprint

«But I am, as I say, an amateur. And if that means that I have neglected parts of my large field, devoting myself mainly to those things that I personally like, it does also mean that I have tried to awake liking, to communicate delight in those things that I find enjoyable».

J.R.R. Tolkien, *Valedictory Address to the University of Oxford*,
5 June 1959

ÍNDICE

PRÓLOGO

Martin Simonson

En el mes de julio de 2023, pasé unos días felices por tierras gallegas en compañía de algunos de los mayores expertos en Tolkien de España. Habíamos acudido todos a Santiago, invitados por el Prof. Dr. José María Miranda Boto, para celebrar un curso de verano dedicado a la vida y obra del escritor inglés, y de paso conmemorar el 50 aniversario de su muerte.

En verdad, más que un curso de verano al uso, fue un auténtico *simposio*; una fiesta, en el sentido original de esta palabra, en la que se juntaron muchas voces autorizadas para situarnos un poco mejor ante la figura de Tolkien como persona, escritor e investigador. En definitiva, tuvimos ocasión de acercarnos al Profesor a través de una amplia variedad de perspectivas. Algunas de ellas quedan recogidas en el presente volumen, coordinado por el Profesor Miranda con la misma solvencia que exhibió como anfitrión del simposio compostelano.

Para abrir boca, José Manuel Ferrández Bru nos sitúa convenientemente en el camino que llevó a Tolkien hacia la Tierra Media, explicando una de las cuestiones más importantes a la vida personal del escritor inglés: la relación que tenía con su tutor y «segundo padre», Francis Morgan. La rigurosa investigación de Ferrández ha tenido una amplia difusión internacional, y nos muestra de manera clara y concisa de qué manera influyeron estos factores biográficos y culturales en el desarrollo de la personalidad y la imaginación de Tolkien en sus años formativos.

Otro de los grandes referentes en la investigación sobre Tolkien en España es Helios de Rosario Martínez, quien dedica su capítulo a situarnos ante otra faceta crucial en la vida de Tolkien, en este caso su vida profesional como filólogo. De Rosario nos proporciona un acercamiento general a esta cuestión, y explica cómo alimentó en paralelo a su creatividad literaria.

A continuación, María del Carmen Moreno Paz, habla de un asunto al que Tolkien —como investigador y traductor de literatura escrita en otras lenguas (algunas de ellas, muertas), como traductor ficticio postulado de su propia obra (de varias lenguas inventadas al inglés moderno), y como autor traducido por terceros a otras lenguas— tuvo que enfrentarse con insistencia a lo largo de toda su carrera. En resumidas cuentas, Moreno nos da las claves para entender cómo la disciplina de la traducción desempeña un papel fundamental en la concepción de la obra de Tolkien.

El cuarto capítulo, escrito por Cristina Mourón Figueroa, nos muestra de qué manera uno de los personajes monstruosos más carismáticos y singulares en la obra de Tolkien —el dragón Smaug— ejemplifica la trayectoria creativa particular usada por Tolkien para renovar uno de los motivos literarios del pasado y hacerlo accesible a los lectores del siglo XX.

A continuación, el lector encontrará, gracias a la contribución de Ana María Mariño Arias, una convincente e incisiva argumentación mediante la cual la autora rebate las críticas expresadas por aquellos que piensan que Tolkien era misógino. El ejemplo de Galadriel en el texto original de Tolkien, comparado con la caracterización del mismo personaje en las adaptaciones cinematográficas, sirve para mostrarnos que semejantes prejuicios carecen de fundamento en el caso del texto literario original.

En el sexto capítulo del libro, Andoni Cossio indaga en otro asunto fundacional en la obra de Tolkien: su relación con los árboles, la persistente presencia de los mismos en su obra, y cómo fue evolucionando la importancia y concepción arbóreas en la transición desde *El Hobbit* hasta *El Señor de los Anillos* para dar cuenta una cada vez más patente conciencia y defensa medioambiental por parte de Tolkien.

Finalmente, Adriana Taboada González nos habla de tres de los personajes más memorables de todos cuantos Tolkien presentó a sus lectores, la atípica tríada heroica formada por Frodo, Sam y Gollum, y de qué manera la personalidad y la interacción de los tres se sustenta en la empatía. Estructuralmente, sirve como colofón del libro en la medida en que nos muestra el final de uno de los muchos caminos que Tolkien emprendió como narrador, y actúa asimismo como contrapunto al primero, que versaba sobre las condiciones que rodeaban sus titubeantes inicios.

En resumen, el lector encontrará en este admirable volumen una gran riqueza de perspectivas, y unas lecturas realizadas por investigadores que han sabido interpretar la obra de Tolkien con una mirada fresca a la par que rigurosamente documentada, desde discernimiento crítico. Por tanto, dejo constancia del placer que ha sido para mí escuchar a los ponentes *viva voce*, leer y saborear después sus investigaciones escritas con calma y ponderación, y finalmente tener el privilegio y el honor de prologar semejante *tour de force*.

Ante este elenco de eruditos, el prologuista hace bien en retirarse a tiempo, por lo que no tentaré la paciencia de los lectores más de lo estrictamente necesario, dejando ya en sus manos esta magnífica antología de ensayos.

Martin Simonson, Vitoria, marzo de 2024

LA CONEXIÓN ESPAÑOLA DE J.R.R. TOLKIEN: FRANCIS MORGAN, UN «SEGUNDO PADRE»

José Manuel Ferrández Bru

Introducción

A Tolkien no le agradaban las biografías, o más precisamente, no apreciaba su utilización como herramienta de crítica literaria. Puede que el punto clave acerca de su postura radique en si realmente basaba su opinión en un desacuerdo con estos enfoques exegéticos o si detrás de ella simplemente se hallaba un profundo deseo de preservar su propia intimidad ante la posibilidad de ser objeto de un texto biográfico. Sea como fuere, en varias ocasiones (normalmente asociadas a cuando surgía el tema de la escritura de su biografía), Tolkien insistía que el estudio de la vida de un autor no constituye una forma apropiada de analizar su obra creativa. Por ejemplo, afirmó que:

> Objeto la tendencia contemporánea de la crítica a conceder demasiada atención a la vida de los autores y los artistas. Sólo distraen la atención de la obra de un autor (si la obra, de hecho, es digna de atención) y terminan, como a menudo se observa, por convertirse en el mayor motivo de interés (*Cartas* nº 213).

En cualquier caso, en las obras de Tolkien podemos encontrar una correlación significativa entre algunos elementos de su vida y de su ficción. Sin ir más lejos, su propia orfandad, reflejada por ejemplo en la compleja personalidad de Frodo, juega un papel fundamental en su obra. Además, su romance con Edith Bratt, que inspiró la gran historia de amor de Beren y Lúthien, demuestra cómo su vida personal se entrelaza con su creación literaria. Tampoco podemos pasar por alto los paisajes de la Comarca, que claramente encuentran su inspiración en los primeros años de Tolkien que vivió en contacto con la naturaleza, en un entorno rural que ha desaparecido en gran medida. Asimismo, estos entornos idílicos y pacíficos contrastan con las terribles experiencias que Tolkien vivió durante la Primera Guerra Mundial. La desolación de Mordor es una clara muestra de cómo sus experiencias en el conflicto bélico dejaron una huella profunda en su imaginación y escritura. Así pues, y pese a sus reticencias, es innegable que la vida de Tolkien y su obra están intrínsecamente conectadas, pues, a través de su escritura, pudo canalizar sus experiencias personales, alegrías y sufrimientos, creando un mundo rico y complejo.

No obstante, más allá de los paisajes y situaciones que se plasman en las obras de Tolkien, resulta fundamental resaltar que durante su período formativo algunas personas ejercieron un impacto significativo sobre él. Ellos se transformaron en destacadas influencias en la concepción de la cosmovisión tolkieniana y, de algún modo, se convirtieron en referentes en el posterior desarrollo de sus obras. En particular, en este texto nos centraremos en explorar la poco conocida «vía española», un vínculo que le conecta con el padre Francis («Curro») Morgan, quien se convirtió en el tutor del joven J.R.R. Tolkien tras el fallecimiento de la madre de este en 1904. No es osado afirmar que el padre Francis Morgan desempeñó un papel crucial en la vida de Tolkien durante este momento de transición. Su presencia y orientación devinieron en un faro en medio de la oscuridad que envolvía al joven tras la pérdida de su madre. Tampoco es osado afirmar que se convirtió en una figura paternal para Tolkien (de hecho, se refirió a él a lo largo de su vida como «su segundo padre»[1]), brindándole apoyo emocional y alentándolo en su búsqueda de conocimiento y creatividad.

---

[1] Así lo señala en una de sus cartas: «Recuerdo después de la muerte del Padre Francis,

Un vínculo paterno-filial

La relación entre ambos tuvo una importancia excepcional durante los primeros años de la vida del autor, aunque se dilató mucho más allá. En todo caso, resulta curioso que este período coincidiera con una etapa destacada en la época contemporánea, caracterizada por la singularidad del periodo a caballo entre los siglos XIX y XX. En ese preciso momento histórico se produjeron numerosos cambios en el ámbito social y se llevaron a cabo importantes transformaciones culturales que, sin duda, dejaron su huella en Tolkien. Es relevante reconocer que esta época estuvo marcada por un contexto particularmente dinámico y aquellos que la vivieron fueron testigos de cambios profundos, con movimientos políticos, avances tecnológicos y transformaciones en el tejido cultural y social. Estos acontecimientos históricos indudablemente dejaron una impronta en la sensibilidad y la perspectiva de Tolkien, moldeando, sin duda, su visión del mundo. Así, esta reflexión de Vaninskaya (2006, 6-7) describe de alguna manera la concurrencia de ideas y modelos que se plantearon precisamente en esta época:

> En los siglos XIX y XX, historiadores, sociólogos, políticos y escritores de diferentes sensibilidades religiosas y políticas estaban polarizados en los temas fundamentales como nunca antes o después, pero se acercaban ellos en términos específicos de ese período: evolución frente a degeneración, individualismo frente a colectivismo, orgánico frente a mecánico, patriotismo frente a cosmopolitismo, el hombre común frente a la élite, la sociedad de masas moderna frente a la comunidad local tradicional, y así sucesivamente. No todos estos se aplican a Tolkien, ninguna persona individual podría haber abarcado todos los hilos

---

mi «segundo padre» haberle dicho a C. S. Lewis: «Me siento como un sobreviviente perdido en un nuevo mundo ajeno después de desaparecido el verdadero»». (*Cartas* nº 332)

culturales existentes en su diversidad, pero es posible demostrar cuánto compartió en los hábitos de pensamiento recibidos.

La relación entre el padre Francis y Tolkien se inició, con el siglo XX en sus balbuceantes inicios, a raíz de la conversión al catolicismo romano por parte de la familia Tolkien, formada por Mabel, una joven viuda, y sus hijos pequeños Ronald (el futuro autor) y Hilary. Ellos encontraron un refugio en el Oratorio de Birmingham, un lugar que les acogió frente al abandono por parte de su entorno cercano que padecieron debido precisamente a su conversión. Allí encontraron la figura de un cordial sacerdote al que comenzaron a llamar padre Francis, siguiendo la costumbre de emplear el nombre de pila de cada uno de los miembros de la comunidad oratoriana, y que había estado vinculado al Oratorio de Birmingham desde su infancia pues se había trasladado desde su España natal[2] al Reino Unido para comenzar a estudiar en la afamada Escuela del Oratorio, regida, al igual que el propio Oratorio, por John Henry Newman, quien más adelante alcanzaría en cargo de cardenal en la jerarquía eclesiástica católica.

Tras finalizar sus estudios, Francis Xavier Morgan Osborne ingresó como novicio en la comunidad y posteriormente se ordenó como sacerdote, de modo que pasó casi toda su existencia vinculado a la obra fundada por el cardenal Newman. A lo largo de su vida adulta desempeñó diversas tareas en la comunidad, desde las más específicamente pastorales a otras relacionadas con su contacto con Newman, del que fue uno de sus más cercanos colaboradores hasta la muerte del cardenal en 1890. Una de sus actividades más recordadas son las obras de caridad que llevó a cabo y como tal habría de clasificarse su actitud con la

---

[2] Más adelante se pondrán en contexto sus orígenes y la importancia que su relación con sus antepasados tuvo a la hora de conformar su personalidad y aficiones.

familia Tolkien, ya que se involucró con ellos de manera muy personal, especialmente al hacerse patente la enfermedad de la madre[3] y el funesto destino que se avecinaba para sus hijos, apenas unos niños

En este sentido, sus gestiones para que Mabel Tolkien pudiera pasar sus últimos días en Rednal, un entorno tranquilo lejos de la ciudad donde los sacerdotes del Oratorio tenían un retiro, es una prueba palpable de su implicación. De hecho, la propia Mabel decidió que, tras su muerte, que se intuía cercana, sus hijos quedaran bajo la tutela del padre Francis, pues había demostrado el cariño que les profesaba, lo que resultaba patente después de las buenas obras que había llevado a cabo por la familia. Esta decisión también tenía un componente práctico, pues aseguraba que sus hijos pudieran seguir profesando la fe católica, algo que no estaba garantizado si algún miembro de su propia familia se hubiera convertido en su tutor legal.

Tras quedar huérfanos, tanto Tolkien como su hermano se trasladaron a vivir cerca de su tutor, y después de pasar un tiempo con una tía que no los apreciaba mucho, se establecieron en una casa de huéspedes cuando el futuro autor tenía apenas dieciséis años. Casualmente, en ese mismo lugar residía una joven llamada Edith Bratt, algo mayor que él, quien también había quedado huérfana, y entre ellos surgió el amor. Sin embargo, debido a diversas circunstancias como la diferencia de credo o edad, pero sobre todo, a la desobediencia de Tolkien (quien dejó sus estudios de lado, casi rompiendo su promesa de esforzarse en pos de obtener una beca para poder lograr una plaza en la Universidad de Oxford), la situación se complicó de tal modo que su tutor le prohibió mantener cualquier contacto con ella

---

[3] Mabel Tolkien padecía diabetes, una enfermedad sin tratamiento en la época y que cuyo diagnóstico significaba una lenta condena de muerte para aquellos que la padecían.

hasta que él alcanzara la mayoría de edad. Debido a estos acontecimientos, Edith se marchó de la ciudad, en lo que en la práctica venía a significar el fin de su relación para siempre. Sin embargo, cuando Tolkien cumplió veintiún años se puso en contacto de nuevo con ella, aunque no había tenido noticias suyas durante ese período. El amor prevaleció y a pesar de que estaba prometida con otro hombre, Edith no dudó en romper su compromiso y retomaron su relación (sobre los aspectos legales, Miranda Boto, 2022), de forma que, no mucho tiempo después, se casaron y disfrutaron juntos de un largo matrimonio.

Al padre Francis se le recuerda (y juzga) precisamente por su oposición al romance entre Tolkien y su joven amada Edith, lo que en realidad no fue un acto de autoridad intolerante, sino una forma de proteger a Tolkien de sí mismo, frente a la posibilidad de que perdiera la oportunidad de recibir una educación en Oxford. En todo caso, las consecuencias del romance tuvieron un impacto creativo en Tolkien. Es bien conocida la identificación que hizo entre su propia historia y la de sus amantes quintaesenciales: Beren y Lúthien, protagonistas de un cuento originado en la mente de un joven atormentado, obligado a superar la separación de su amada. De hecho, esta narración constituye un elemento esencial de *El Silmarillion* y, en un sentido amplio, de la obra de Tolkien. Beren, un hombre, y Lúthien, una elfa inmortal hija de Thingol (un poderoso rey), se enamoran. Sin embargo, Thingol rechaza a Beren porque no considera que un mortal sea lo suficientemente bueno para su hija. Obligado por una promesa hecha a Lúthien, Thingol no puede arrebatar la vida a Beren, pero, como misión para ganarse la mano de su hija, le impone una tarea que con casi total seguridad implicará su muerte. Finalmente, después de muchas aventuras y con la ayuda de Lúthien, Beren logra su objetivo y obtiene la mano de su amada.

Es evidente que la narración revela notables paralelismos biográficos con la vida de Tolkien. Los obstáculos que impedían que pudiera hacerse realidad el romance entre el hombre y la elfa, y las pruebas a las que se enfrentan los amantes ficticios son un reflejo dramatizado de las tribulaciones y la impotencia que el joven Tolkien debió experimentar al ser separado de Edith. Continuando el paralelismo, el papel del padre Francis parece corresponder a Thingol, el posesivo padre de Lúthien, que le impone a Beren tareas aparentemente imposibles para ganarse su mano.

La correlación entre ficción y vida real es bastante clara. De hecho, cuando Edith falleció, Tolkien, en un gesto cargado de significado, decidió grabar los nombres de Beren y Lúthien en su lápida, junto al suyo propio y al de ella. Entonces, afirmó explícitamente:

> Nunca llamé *Lúthien* a Edith, pero ella fue el origen de la historia que llegó a convertirse en la parte principal de *El Silmarillion*. Se concibió por primera vez en el pequeño claro de un bosque repleto de cicuta en Roos, en Yorkshire (…). En aquellos días su pelo era negro azabache, su piel clara, sus ojos más brillantes de lo que tú has conocido, y sabía cantar… y *bailar*… (*Cartas* nº 340)

Sin embargo, al igual que en la ficción, Tolkien (y Edith) no guardaban rencor hacia el responsable de su separación. De hecho, hay una indudable muestra de respeto y profunda admiración hacia su tutor en el *Gnomish Lexicon*[4]. Tolkien agregó la entrada «Faidron o Faithron = Francis» como referencia a su tutor, ya que en esta obra solo se ponen en mayúsculas los nombres

---

[4] Se trata de un diccionario fechado en 1917 (pero que no se publicó hasta 1995) del idioma llamado *Goldogrin*, que Tolkien transformaría en el *Noldorin* y posteriormente en el *Sindarin* que apareció en *El Señor de los Anillos*.

propios y el signo «=» se utiliza para relacionar nombres en diferentes idiomas. Además, *Faidron* y *Faithron* están claramente relacionados con las entradas que aparecen junto a ellos: «fair: libre, sin restricciones», «faidwen: libertad», «faith: libertad» y «faithir: liberador, Salvador». (Gilson et al, 1995, 33).

En cualquier caso, la admiración y el cariño hacia su tutor también se puede observar en un par de cartas escritas por Tolkien en su madurez:

> Recuerdo después de la muerte del P. Francis, mi «segundo padre» (a los 77 años en 1934) [...] En 1904, nosotros (H[ilary] y yo) tuvimos la súbita experiencia milagrosa del amor, del cuidado y del humor de P. Francis. (*Cartas* nº 332)

Y también:

> Era un tory hispano galés de clase alta; algunos lo consideraban sólo un viejo fastidioso, esnob y adicto al cotilleo. Lo era... y no lo era. Por primera vez aprendí de él la caridad y el perdón; y su luz horadó aun la oscuridad «liberal» de la que yo venía. (*Cartas* nº 267)

Sin embargo, este aprecio no es compartido por algunos biógrafos de Tolkien. De hecho, es interesante señalar la animosidad en su contra. Para citar algunos ejemplos, el biógrafo autorizado de Tolkien afirma que «Francis Morgan no era un hombre de gran intelecto» (Carpenter, 1990, 38) o Charles A. Coulombe se aventura a decir que: «se definía como un «tory galés-español» sin duda una combinación tan ultramontana como pudiera desearse» (Coulombe, 1999, 74). Ambas afirmaciones demuestran un profundo desconocimiento de su vida y de sus influencias.

Una vida entre dos mundos

Francis Xavier Morgan Osborne había nacido en el Puerto de Santa María en Cádiz, España, en 1857, dentro de una familia de raíces británicas vinculada al comercio del jerez que estaba relacionada con un entorno social influyente tanto en España como en el Reino Unido. La historia de sus antepasados es compartida con un buen número de británicos que durante los siglos XVIII y XIX se aventuraron hacia el sur de España con el objetivo de hacerse cargo del control del comercio del vino de Jerez. Estos intrépidos comerciantes establecieron una presencia duradera en la región y sentaron las bases para la creación de estirpes anglo-españolas con características singulares. A lo largo de varias generaciones, lograron fusionar sus ancestros ingleses con la rica tierra española, en un mestizaje tanto social como cultural, dando lugar a una herencia familiar y comercial única.

Desde la antigüedad, la producción vitivinícola en el sur de España despertó el interés de los británicos, quienes vieron en estos licores un gran potencial de exportación, dado su carácter homogéneo, independiente de añadas, que tanto gustaba en las islas. Atraídos por la singularidad del vino de Jerez y por las oportunidades que se presentaban, numerosos comerciantes emprendieron un viaje hacia tierras desconocidas con el objeto de controlar tanto su distribución como la misma producción. Al llegar a la región de Jerez, se encontraron con un entorno completamente diferente al que estaban acostumbrados en Inglaterra. Sin embargo, supieron adaptarse rápidamente y crear sólidas relaciones comerciales con los productores locales. A medida que se establecían en la región, muchos de ellos se casaron con mujeres españolas, formando así nuevas familias que serían fundamentales en la historia del vino de Jerez.

Estas dinastías anglo-españolas se caracterizaron por una fusión única de culturas y tradiciones. Por un lado, se mantuvieron arraigados a sus raíces británicas, preservando aspectos de su identidad, como el idioma, las costumbres y los sistemas comerciales. Por otro lado, se integraron en la sociedad española, adoptando el estilo de vida, las tradiciones y la pasión por el vino que caracterizaban a la región. La influencia británica en la industria vitivinícola de la zona fue inmensa. Estos vinateros introdujeron técnicas innovadoras de producción, mejoraron las bodegas y llevaron consigo conocimientos comerciales avanzados. Además, promovieron la exportación del vino de Jerez a nuevos mercados internacionales, lo que contribuyó al crecimiento y reconocimiento de la región.

Tanto la familia paterna como la materna del padre Francis tenían una posición social importante en este contexto. Su madre, María Manuela Osborne Böhl de Faber, era la hija mayor de Thomas Osborne-Mann, socio principal de la casa comercial *Osborne*, anteriormente conocida como *Duff-Gordon*, la mayor empresa productora y exportadora de licores de la zona. María Manuela se casó con Francis Morgan, miembro, a su vez, de la familia propietaria de la compañía de distribución de licores *Morgan* de Londres (también importante e influyente en el sector), quien había sido encargado de administrar los negocios de su delegación comercial en el sur de España.

No se puede entender lo que supuso su unión sin rastrear en sus progenies. Los padres de María Manuela Osborne Böhl de Faber eran el antes citado Thomas Osborne-Mann y Aurora Böhl de Faber. Osborne-Mann era un comerciante procedente de Exeter, en el sur de Inglaterra, mientras que Aurora era la segunda hija del matrimonio formado por Juan Nicolás Böhl de Faber y Francisca Ruiz de Larrea (más conocida como Frasquita

Larrea). La hermana mayor de Aurora era Cecilia Böhl de Faber (1796-1877), la famosa escritora conocida por su pseudónimo de Fernán Caballero y el padre de ambas, Juan Nicolás (1770-1836), era todo un personaje en el mundo de las letras hispanas pese a su origen alemán, que había tenido problemas a la hora de gestionar su propio negocio, lo que le llevó a una difícil situación económica que no se enderezó hasta que comenzó a trabajar para Duff-Gordon. Fue entonces cuando su hija Aurora recibió una propuesta de matrimonio por parte de uno de los socios de la empresa que fructificó en una numerosa familia, los Osborne, aun en nuestros días una de esas dinastías vinícolas que sustenta una importante empresa.

Por parte de los Morgan, el lazo con el negocio de licores se remontaba a Aaron Morgan el patriarca de la familia quien, desde finales del siglo XVIII, estaba vinculado a la exportación y comercialización de licores desde Londres. Su único hijo varón, de nombre Thomas, llevó a la empresa a uno de sus puntos álgidos durante los primeros años del siglo XIX, una tarea en la que pronto se incorporarían dos de sus hijos, Thomas Jr y Francis (quien es precisamente el padre del padre Francis) que, desde España, tendría un papel relevante en el control del producto en origen. El negocio (en la rama Morgan) continuaría siendo boyante otro siglo más, gracias a la labor de Augusto Morgan, el hermano mayor del padre Francis, que pasó gran parte de su vida en España, y de varios de los dieciséis hijos de Thomas Jr desde el Reino Unido.

La herencia cultural

Sin embargo, lo interesante en lo que nos ocupa es que, de manera puede que sorprendente, ambas familias, tanto la rama Osborne materna y como la Morgan paterna, tuvieron miembros con destacadas actividades en el mundo de la cultura y en particular en el de las letras, lo cual sin duda dejó un poso en sus descendientes y cuyo reflejo es más que probable que se encontrara en la biblioteca personal del padre Francis, la cual era frecuentemente visitada por Tolkien en su adolescencia de forma casi clandestina[5]. Se puede especular en cómo estas lecturas influyeron en sus ideas y en la personalidad que mostró en sus primeros años, y que, por ejemplo, le llevó a luchar por un amor imposible.

La respuesta viene condicionada en buena medida por el tipo de obras que podrían encontrarse en esta biblioteca, cuyos libros desaparecieron tras la muerte del padre Francis pues se mezclaron, destruyeron o fueron vendidos para financiar actividades de caridad. Un ejercicio sumamente curioso sería el de reconstruir las obras que podrían encontrarse en dicha biblioteca[6], más allá de las específicamente religiosas. Es interesante conjeturar sobre qué otros libros se atesorarían allí, y como la figura de su tutor pudo influenciar al joven Tolkien desde un punto de vista literario cuando estaba inmerso en pleno periodo formativo. Como poco, estas lecturas complementaron a las procedentes de su escuela, por otro lado más fáciles de rastrear través de los registros

---

[5] En una carta datada en 1955 Tolkien afirmó: «mi tutor era en parte español, y yo, a comienzos de mi adolescencia, cogía sus libros e intentaba aprender esa única lengua romance que me procura el placer particular del que hablo». (*Cartas* nº 163)

[6] Ciertamente, los autores que se han preocupado de reconstruir de alguna manera la lista de obras con las que Tolkien pudo tener contacto a lo largo de su vida no se ocupan del asunto de la biblioteca de su tutor. Ni Oronzo Cilli con su *Tolkien's library: An Annotated Checklist* ni Holly Ordway con *Tolkien's Modern Reading* se atreven a especular sobre el tema.

y, por tanto, pudo tener una fuente de inspiración literaria en su propio, según la definición de Tolkien, «buen hogar católico».

Por parte de los Morgan, Aaron Morgan (1742-1818), el mencionado patriarca de la familia, fue el autor de la admirada *Historia y Antigüedades de la Parroquia de St. Saviour's*, fechada en 1795, que describía tanto el vecindario como esta iglesia parroquial anglicana, ahora catedral de Southwark, en Londres (en la que Aaron tiene actualmente un memorial). Igualmente, el padre Francis tenía un tío, el único no vinculado con el negocio vinatero, llamado Aaron Augustus Morgan (1822-1888), reverendo anglicano formado en Cambridge, que había alcanzado cierto reconocimiento estudiando a Shakespeare con una obra de 1860 titulada *The Mind of Shakespeare as Exhibited in His Works* que era un trabajo sobre la filosofía del famoso autor a través de un registro con citas extraídas de su obra. Previamente, en 1856, también había publicado una obra religiosa titulada *The Book of Solomon, Ecclesiastes, or, The Preacher: Metrically Paraphrased and Accompanied with an Analysis of the Argument*. Se trataba de un estudio sobre el libro del Eclesiastés, uno de los libros del Antiguo Testamento. Su otro tío, Thomas Jr, también fue autor de varios artículos sobre arqueología y un libro especializado. Pero, siguiendo con la rama paterna, también debe destacarse la obra de un joven primo de Francis Morgan llamado J.D. Beresford (1873-1847), hijo de su tía Adelaide Elizabeth Beresford (nacida Morgan), que acabó convirtiéndose un conocido escritor de ficción especulativa y de historias sobrenaturales[7] en la primera parte del siglo XX.

---

[7] Resulta imposible que en la época en que Tolkien curioseaba por la biblioteca de su tutor se hallara en su biblioteca ninguna de sus obras, ya que comenzaron a publicarse poco antes del estallido de la Primera Guerra Mundial. Como hecho anecdótico, una hija de Beresford, Liza Beresford, fue una muy conocida escritora de obras infantiles y es sumamente apreciada en el Reino Unido por haber creado unas criaturas llamadas *Wombles*, que

Aparte de ellos, existe una alta probabilidad de que obras de la escritora romántica Jane Porter (1776-1850)[8] pudieran formar parte de esta intrigante biblioteca. La conexión de Jane Porter con la familia Morgan es bien curiosa y procede fundamentalmente del contacto que tuvo con la abuela de Francis Morgan, llamada Elizabeth (de soltera Bonney). Da la impresión de que Elizabeth era una gran admiradora de la obra de Porter e involucró en esta admiración a su marido Thomas Morgan. Bajo el sobrenombre de Belinda, Elizabeth Morgan mantuvo una extensa correspondencia durante varias décadas que incluía cuestiones íntimas familiares. Hasta tal punto fue de profunda la conexión que a mediados de los años cuarenta del siglo XIX, la familia Morgan alojó temporalmente en su casa en el 13 de Rutland Gate en Londres a Jane Porter, cuando esta atravesaba un periodo de dificultades económicas. No es por lo tanto nada extraño que la huella de esta autora pudiera permanecer en su familia y que sus obras fueran sumamente populares entre sus miembros.

En cualquier caso, a propósito de esta biblioteca, Tolkien destacó especialmente su afición por explorar los libros de su tutor que estaban en español y estos, sin duda, estarían más vinculados

---

vivían en madrigueras y presentan ciertas reminiscencias con los hobbits, y que trataban de ayudar al medio ambiente recolectando y reciclando basura de formas creativas.

[8] Si bien Jane Porter no era miembro de la familia Morgan, sí que existía un fuerte vínculo con ella. A lo largo de su carrera, Porter escribió numerosas novelas románticas que alcanzaron gran popularidad en su época, caracterizadas por tramas emocionales, personajes apasionados y descripciones detalladas de escenarios exóticos. De hecho, fue una de las primeras escritoras en introducir elementos históricos, como en una de sus novelas más famosas *The Scottish Chiefs*, publicada en 1810, una obra histórica que narra la vida de William Wallace y su lucha por la independencia de Escocia y que fue un éxito tanto en Inglaterra como en Estados Unidos, contribuyendo además a popularizar la figura de Wallace en la literatura. Otra obra destacada de Porter es *Thaddeus of Warsaw*, publicada en 1803. Esta novela ambientada en la Polonia del siglo XVIII sigue la vida de un joven polaco noble en medio de las guerras y los conflictos políticos de la época. Jane Porter también escribió obras de teatro y biografías, pero su éxito y legado se encuentran principalmente en el género de la novela romántica histórica.

a la familia materna de este. Es más que probable que dos fueran las figuras predominantes de esta sección, o al menos su influencia se dejaría notar en los libros presentes en la biblioteca. Por un lado estaría el citado Juan Nicolás Böhl de Faber, bisabuelo del Francis Morgan, académico de la lengua española y destacado bibliófilo, especializado en el Siglo de Oro, pero también, junto a su esposa, introductor del Romanticismo en España. Por otra parte, sin duda no faltarían obras de Fernán Caballero, la mencionada tía abuela del padre Francis que, además de destacada folclorista, fue representante de un subgénero derivado del Romanticismo tardío español: el Costumbrismo.

En buena parte de la obra de esta autora (escribió varias novelas, cuentos cortos y también recopiló cuentos populares y poesía autóctona), Cecilia Böhl de Faber trató de reivindicar de la tradición, lo que la llevó a una búsqueda por recuperar el folclore popular, elogiando continuamente el campo y censurando enérgicamente la ciudad y el progreso industrial. En este contexto, publicó varias colecciones de acertijos (y también de proverbios y refranes) dirigidas principalmente a niños y jóvenes, y algunos de ellos tienen una similitud inusual con los acertijos de Tolkien en *El Hobbit*. En particular, cabe destacar un acertijo que utiliza para describir el viento (Caballero, 1921,180):

> *Vuela sin alas,*
> *silba sin boca,*
> *azota sin manos,*
> *y tú ni lo ves ni lo tocas.*

En contraste, Tolkien escribió el siguiente acertijo en *El Hobbit*:

> *Canta sin voz,*
> *vuela sin alas,*
> *sin dientes muerde,*
> *sin boca habla*

35

Sin duda esta similitud debería ser tenida en cuenta como posible vinculación directa, ya que Tolkien, como venimos indicando, tuvo acceso a los libros del Padre Francis, quien sería el nexo de unión en esta curiosa conexión. De hecho, esta similitud entre poemas parece confirmar el acceso que Tolkien tuvo a obras en castellano, lo que también se demuestra desde sus primeras creaciones, como el *Naffarin* (uno de sus primeros idiomas inventados inspirado en esta lengua).

En todo caso, la simple conexión de Tolkien con el idioma español es otra vía de contacto a explorar, en tanto a su posible vinculación con su tutor. A propósito de esto, Priscilla Tolkien (Ferrández Bru, 2018, 86-87), la única hija de Tolkien, afirmó que:

> Estoy convencida que el gran interés de mi padre por el idioma español tuvo que deberse en gran medida a su cercana conexión con el padre Francis.

Y dando esto por cierto, Tolkien no ocultó este *gran interés* cuando habló del castellano como «única lengua romance que me procura el placer [estético] particular del que hablo» (*Cartas* nº 163) o cuando en una carta inédita a David L. Sands un sacerdote canadiense que vivía en España y que se ofreció a traducir *El Señor de los Anillos* le dijo:

> Conozco el idioma español en ambos lados del Atlántico, y encuentro que, especialmente la variante europea, me resulta sumamente atractiva. (Carta inédita a David L. Sands, 8/2/1967)

En todo caso, seguramente la dedicatoria que Tolkien escribió de su puño y letra en español de su edición de *El Hobbito* (primera versión en español de la obra editada en Argentina) sea la más auténtica muestra de este aprecio[9].

---

[9] Este ejemplar se encuentra actualmente en el Museo Greisinger (un museo ubicado en Suiza que alberga exclusivamente objetos relacionadas con Tolkien) y fue comprado por

Influencia en otros ámbitos

En todo caso, es un hecho que la marca dejada por Morgan en Tolkien también se manifestó en aspectos más mundanos. Así, cuando asumió su tutela en 1904, incrementó de forma privada con sus propios bienes el legado que Tolkien y su hermano habían recibido de su madre. Del mismo modo, su ayuda económica fue fundamental para Tolkien cuando comenzó sus estudios en Oxford. Obviamente, a partir de su relación con Tolkien, es fácil encontrar una lista de situaciones y hechos que claramente indican la verdadera influencia que tuvo el Padre Francis a nivel personal, que se prolongó a lo largo de los años.

De hecho, en la tradición oral de la familia Tolkien existen varias anécdotas que sirven para retratar lo intensa (e inspiradora) que fue la relación que tuvieron. Por ejemplo, Tolkien solía contar a sus hijos lo que sucedió durante una visita del Padre Francis a Leeds, donde la familia Tolkien se mudó a principios de 1921 cuando Tolkien obtuvo su primer puesto como profesor. La presencia del anciano sacerdote se hizo notar y una niña se quedó mirándolo fijamente. Al darse cuenta, este tuvo una ocurrencia divertida y se quitó su sombrero de ala ancha y, inclinándose ante la niña, le deseó buenas tardes con gran ceremonia. Después de esto, la niña comenzó a correr asustada, seguramente sorprendida por esta acción inesperada. Existe un paralelismo entre la reacción de la niña y lo que le sucedió al Troll en el poema de Tolkien titulado Perry Guiños (presente en la obra *Las aventuras de Tom Bombadil*), quien quería encontrar amigos entre los pequeños hobbits, pero su apariencia les asustaba. Este

los propietarios del mismo a Antonio Quevedo, un antiguo sacerdote español compañero de John Tolkien (el hijo mayor de Tolkien que era sacerdote) que lo recibió como presente por su ayuda cuando John Tolkien debió abandonar su parroquia ante la repentina muerte de su padre. En la dedicatoria se lee «Para Edita querida, R.».

poema, junto con la mayoría de los publicados en este libro, fue compuesto entre 1920 y 1930 y, a diferencia de la mayoría de los otros poemas del libro, no hay información sobre sus orígenes. Quizás parte de la inspiración de los trolls (o, al menos, del troll del poema) podría provenir de la anécdota del Padre Francis.

También en Leeds, ocurrió otra anécdota recordada. El Padre Francis viajaba en el tranvía a casa con Edith después de haber comprado un regalo para Tolkien. Era un queso de Camembert, una delicia gastronómica que a Tolkien le gustaba mucho, pero era un lujo en aquellos tiempos porque era un producto especialmente caro. Este tipo de queso alcanza su punto óptimo cuando está maduro, aunque en ese momento su olor es extremadamente fuerte y no demasiado agradable. El queso de la historia estaba especialmente maduro y, por lo tanto, especialmente fragante. Su aroma era tan potente e incluso desagradable que, debido a él, el resto de los pasajeros del tranvía lo abandonaron. Así que en el vagón solo quedaron Edith y el Padre Francis, quienes regresaron a casa con todo el tranvía para ellos.

Ambas historias también ponen en evidencia un importante trasfondo y la gran conexión personal que también tuvo en la vida cotidiana de J.R.R. Tolkien (y de su familia). En todo caso, lo que de alguna manera se nos muestra es que, al margen de los posibles vínculos de tipo cultural, existió una unión muy profunda que justifica el calificativo de «segundo padre» y seguramente el de patriarca de la familia Tolkien. De hecho, las preocupaciones de Tolkien también estaban unidas a las de su tutor y en este contexto, la declaración de Priscilla Tolkien (Ferrández Bru, 2018, 133) sobre las sensaciones de su padre durante la Guerra Civil en España lo corroboran:

Le recuerdo [a Tolkien] comentando lo terrible que hubiera sido si el Padre Francis hubiera estado vivo tras el inicio de la

Guerra Civil Española. El periodo de la Guerra Civil arrojó una gran sombra sobre la vida de mi padre y es un poderoso y duradero recuerdo de mi propia infancia.

Así pues, no cabe duda de que dentro de las personas con las que Tolkien entabló una relación cercana, seguramente su tutor, el padre Francis Morgan, es una figura influyente en su vida y en la forma en la que el afamado autor llegó a elaborar sus planteamientos y su visión del mundo, tanto en lo personal como en lo artístico. Un somero repaso de la vida y antecedentes de este sacerdote, sociales e intelectuales, nos ha llevado a apreciar esta influencia que deja a la vista la miríada de aspectos a tener en cuenta a la hora de analizar a un autor tan poliédrico como Tolkien, cuyas inspiraciones resultan ser variadas e incluso sorprendentes cuando se profundiza en ellas.

Bibliografía

Cartas *Las cartas de J.R.R. Tolkien.* Editadas por Humphrey Carpenter, con la asistencia de Christopher Tolkien. Barcelona. Ed. Minotauro, 1993.

Carpenter, Humphrey. *J.R.R. Tolkien: Una Biografía.* Barcelona. Ediciones Minotauro, 1990.

Coulombe, Charles A. '«The Lord of the Rings» - A Catholic View.' en *Tolkien: A Celebration.* Joseph Pearce (ed.). Fount. Londres, 1999.

Caballero, Fernán. *Cuentos, adivinanzas y refranes populares.* Sáenz de Jubera, Hermanos. Madrid. 1921.

Cilli, Oronzo, *Tolkien's Library: An Annotated Checklist.* Edimburgo. Luna Press Publishing, 2019.

Garth, John. *Tolkien y la Gran Guerra. El Origen de la Tierra Media.* Barcelona. Ediciones Minotauro, 2014.

Ferrández Bru, José Manuel. *El Tío Curro. La Conexión Española de J.R.R Tolkien.* Edimburgo. Luna Press Publishing, 2018.

Gilson, Christopher; Hostetter, Carl F.; Wynne, Patrick; Smith Arden R. (1995), 'Gnomish Lexicon'. Parma Eldalamberon, Volume 11.

Miranda Boto, José María. COMPLETAR

Ordway, Holly. *Tolkien's Modern Reading: Middle-earth Beyond the Middle Ages.* Park Ridge. Word on Fire Academic, 2021

Scull, Christina and Hammond, Wayne G. 2017. *The J.R.R. Tolkien Companion and Guide. Volume 1: Chronology.* Revised and expanded edition. Boston and New York: Houghton Mifflin

Scull, Christina and Hammond, Wayne G. 2017. *The J.R.R. Tolkien Companion and Guide. Volumes 2&3: Reader's Guide.* Revised and expanded edition. Boston and New York: Houghton Mifflin.

Tolkien, J.R.R. El Hobbit. Barcelona. Ediciones Minotauro, 1982.

Tolkien, J.R.R. El Señor de los Anillos. La Comunidad del Anillo. Barcelona. Ediciones Minotauro, 1980.

Tolkien, J.R.R. El Señor de los Anillos. Las Dos Torres. Barcelona. Ediciones Minotauro, 1980.

Tolkien, J.R.R. El Señor de los Anillos. El Retorno del Rey. Barcelona. Ediciones Minotauro, 1980.

Vaninskaya, Anna. 'Tolkien: A Man of his Time?' en *Tolkien and Modernity 1.* Frank Weinreich & Thomas Honegger (ed.). Walking Tree Publishers, 2006.

Otros documentos:

Carta inédita de J.R.R. Tolkien a David L. Sands el 8/2/1967.

TOLKIEN, FILÓLOGO

Helios De Rosario Martínez[1]

---

[1] Debo al Dr. Rafael Pascual muchas de las referencias bibliográficas empleadas, y a las discusiones mantenidas con él la inspiración para defender los méritos de Tolkien en Oxford. Esto no significa que coincidan nuestras perspectivas sobre el asunto, aunque precisamente ahí radica la diversión.

El catedrático amateur

Hay un detalle muy característico de las charlas académicas de J. R. R. Tolkien (las más célebres publicadas en el compendio *Los monstruos y los críticos y otros ensayos*): ese tono humorístico con el que a menudo les daba comienzo, bromeando sobre cosas como su propia negligencia a la hora de leer lo que otros habían escrito sobre el poema *Beowulf* (Tolkien, 1998: 13), su falta de preparación profesional para hablar sobre cuentos de hadas (ibíd: 135), su condición de «objeto de exhibición» –como profesor de anglosajón en una conferencia dedicada al ensalzamiento de lo céltico– (ibíd: 196), o la embarazosa situación en la que se ponía a sí mismo, al revelar al público su «vicio secreto» de inventar lenguas (ibíd: 237).

En inglés llaman a eso *self-deprecation*; en español se podría denominar como *autocrítica* o *falsa modestia*, aunque la realidad de lo que Tolkien pretendía está a medio camino de ambas cosas: ni realmente estaba siendo crítico consigo mismo, ni la modestia era totalmente falsa. Se trata de una retórica cortés, un cauteloso gesto de humildad que tiene a bien mostrarse en un entorno académico, cuando le honran a uno con la oportunidad de que los más grandes e ilustres escuchen sus palabras. Pero además de eso, las chanzas de Tolkien también solían esconder un punto sarcástico, incluso de provocación, con el que expresaba su inconformismo hacia lo que le parecía equivocado, absurdo o inútil.

Naturalmente, el mejor momento para hacer algo así es cuando el riesgo de represalias deja de ser significativo, así que la más descarada de esas manifestaciones la hizo en su discurso de despedida de Oxford, el 5 de junio de 1959. Comenzó haciendo notar el retraso de treinta y cuatro años de la charla, pues estaba despidiéndose sin haber hecho ningún discurso inaugural con motivo de las dos cátedras que ocupó en la Universidad. Se excusaba diciendo que, en realidad, tampoco había tenido nada especial que decir:

> Nada, me refiero, de lo que es apropiado para una lección inaugural, a juzgar por las que he leído (…) El diagnóstico de lo que está mal, y la confiada prescripción del remedio, el enfoque amplio, el estudio magistral, planes y profecías. (Tolkien, 1998: 266)

Se burlaba así de las distracciones más políticas que intelectuales que ocupaban a la Facultad, y hacía gala de haberse desmarcado de ellas todo lo que pudo, trabajando más como un «aficionado» (*amateur*) que como se esperaba de un profesional:

> Y si eso significa que he descuidado parte de mi vasto campo, dedicándome principalmente a aquellas cosas que personalmente me *gustan*, también significa que he tratado de despertar el *gusto*, de comunicar el gozo por aquellas cosas que me parecen deleitables. Y eso sin dar a entender que fueran la única fuente apropiada de provecho, o de placer, para los estudiantes de inglés. (ibíd: 268, énfasis original)

Conociendo la querencia que tenía a sus raíces anglosajonas, está claro que no se autodenominó *amateur* por la elegante sonoridad afrancesada de la palabra, sino porque era exactamente eso lo que quería decir. Tolkien dedicó sus treinta y cuatro años en Oxford (y los cinco anteriores en Leeds) a ser, literalmente, un *amateur* de su trabajo, a invertir su tiempo en lo que amaba, y a transmitir su amor por lo que hacía, específicamente a la filología, al margen de las rivalidades y pendencias que a lo largo de muchas décadas habían moldeado la actividad de la Facultad de Inglés.

En este punto, la pregunta lógica es: ¿en qué consistía eso que tanto amaba, a lo que dedicó sus años de carrera descuidando otras cosas de su profesión? Una persona mal pensada, o que simplemente haya leído la interpretación que se suele dar del cuento *Hoja de Niggle* (al que volveré después), podría decir que se refería a la escritura de cuentos y a la invención de lenguas por divertimento. No se trataba de eso, sin embargo. O mejor dicho, sí había algo de ello, pero de una manera mucho más sutil e interesante que lo que puede expresarse en pocas palabras; así que dejo ese asunto para más tarde, y abogo por comenzar reivindicando la seriedad de Tolkien en sus quehaceres académicos.

Los filólogos y sus rivalidades

Tolkien era un hombre trabajador y disciplinado. Podríamos cuestionar su capacidad de planificar y gestionar plazos, pero no la dedicación a su profesión. Se sentía orgulloso de ser un filólogo. En la colección publicada de sus cartas, que en gran medida está dirigida a los interesados por su obra de ficción, solo habló de sí mismo como «escritor» tres veces; una vez se autodenominó «lingüista» —aunque rechazó el título otras dos—. La cantidad de veces que hizo gala de su calidad de filólogo, en cambio, supera la docena, a veces añadiéndole epítetos como obstinado (*stiff-necked*) o anticuado (*old-fashioned*).[2]

Aclarado este punto, queda el problema de determinar qué era aquello a lo que tendría que haber dedicado su trabajo, como

---

[2] Para verificar este ridículo recuento, cfr. Tolkien (1993), pp. 34, 40, 71, 109, 164, 171, 204, 206, 229, 271, 290–291, 295, 310, 315, 401, 441, 452, 480.

referencia para valorar lo que realmente hizo. Aquí nos encontramos con un problema, y es el detrimento sufrido por la filología a lo largo del siglo XX. La filología había tenido sus años de gloria el siglo anterior, sobre todo en Alemania, y los ingleses ya no querían tener nada que ver con eso. Tal como dijo el propio Tolkien, la filología en sí misma, «concebida como una invención puramente alemana, se trata en algunos sitios como si fuera una de las cosas que pretendían eliminarse en la pasada guerra» (Tolkien, 1924, 37). Muchos filólogos quisieron desembarazar su venerada disciplina de la imagen vetusta que tenía, reinventando su objeto de estudio; otros profesionales dedicados al lenguaje prefirieron sencillamente darse un nuevo nombre, creando la lingüística como una nueva materia más moderna y dejando la filología para los perdedores. Cuentan que Richard Janda, filólogo de la Universidad de Indiana, tuvo que enfrentarse al problema de dar una definición de la filología que satisficiera a todos los presentes en una conferencia de 1982, lo cual resolvió describiéndola como «lo que hacen los filólogos» (Momma, 2012, 26).

De la Universidad de Indiana es también el Dr. Robert Fulk, a quien se considera uno de los más grandes anglosajonistas de la actualidad, y sucesor de Tolkien por su influencia en los estudios de *Beowulf* (Shippey, 2016). Fulk, en un artículo sobre la filología en la historia de la lengua inglesa, daba una definición más precisa de esta disciplina, a la que se refería como:

> el conjunto de los diversos modos de investigación necesarios para editar textos de lenguas extintas (...) con el fin de recuperar textos alterados en el curso de su transmisión. (Fulk, 2016)

Y si uno se detiene a mirar lo que Tolkien produjo en su carrera académica, lo cierto es que esta definición le va muy bien.

Cuando se habla de la *opera prima* de Tolkien siempre se menciona *El hobbit*, pero claro está, eso es si nos centramos en la obra de ficción que le hizo famoso entre todo tipo de público. Si reducimos el perfil de lectores a los estudiantes y profesores universitarios de lengua y literatura inglesa, se puede decir que el primer trabajo que le dio fama fue una edición de *Sir Gawain y el Caballero Verde* en inglés medio, que publicó una década antes que *El hobbit*. Además, entre los especialistas también es conocida su investigación sobre el *Ancrenne Wisse*, un escrito del siglo XIII en el que Tolkien descubrió un dialecto particular de las Midlands occidentales, en el que nadie había reparado hasta la fecha. Y así unos cuantos trabajos más.

Hay dos razones por las que, aun así, Tolkien se caricaturizaba a sí mismo como un hombre que había «descuidado parte de su vasto campo». Una es que, sencillamente, su producción en términos de publicaciones académicas fue más bien escasa: a lo largo de su carrera emprendió once proyectos para editar antiguos textos medievales, pero solo tres llegaron a ser obras relevantes; decepcionante cifra para tres décadas ocupando dos prestigiosas cátedras (Shippey, 2014). En buena medida podría atribuirse esa baja productividad a su obsesión por los detalles, combinada con una pésima gestión de los plazos; la misma combinación que le impidió acabar el *Silmarillion* a pesar de haber estado escribiéndolo (y reescribiéndolo) durante más de medio siglo, y que era una característica bien conocida por los suyos. «Cualquier libro en colaboración con ese gran hombre, pero postergador y sin método, me temo que saldrá en las calendas griegas» —dijo su gran amigo C. S. Lewis (Lewis, 2003, 6)—. Ahora bien, en su descargo también habría que contar que Tolkien exhibía un alto grado de generosidad intelectual, y no era raro que sus propias ideas y hallazgos vieran la luz en investigaciones de sus estudiantes, como reconoció la medievalista belga Simone d'Ardenne, entre otros pupilos suyos (Stanley, 2017).

La otra razón es que, como ya se ha dicho antes, la filología a la que se dedicaba Tolkien era considerada en su tiempo una disciplina decimonónica, trasnochada y de poca utilidad más que como pasatiempo intelectual. Ciertamente, las lenguas ya eran una fuente de entretenimiento para Tolkien mucho antes de dedicarse profesionalmente a ellas. En casa y en la escuela había aprendido varios idiomas de niño; también perteneció a los *boy scouts*, que en aquella época aprendían esperanto como medio para comunicarse entre las distintas comunidades internacionales (Cilli, 2017); y a modo de divertimento, se dedicaba a inventar nuevos idiomas.

Aquel no era, sin embargo, un vicio del todo secreto para sus compañeros de instituto, de modo que cuando tenía unos 16 años, uno de ellos lo buscó para revenderle un tratado sobre una lengua muerta, que había comprado por error en un mercadillo de beneficencia (Carpenter, 1990, 49). Era *A Primer of Gothic Language*, de Joseph Wright; y con él Tolkien descubrió no solo un idioma seductoramente antiguo y remoto, sino la forma en la que se conectaba con las demás lenguas germánicas a través de cambios fonéticos, lo que abrió para él la puerta a un entendimiento más profundo, y sobre todo a una nueva forma de disfrutar y jugar con el lenguaje.

Cuando Tolkien emprendió sus estudios en la Universidad de Oxford, tuvo la fortuna de contar con la tutela del propio Wright, y con él afianzó su vocación. La forma en la que Tolkien practicaba la filología muestra claramente la huella de su maestro:

Siempre prefiero intentar exprimir el jugo de una simple frase, o explorar las implicaciones de una palabra, antes que intentar resumir un período en una conferencia, o disparar contra un poeta en un párrafo. (Tolkien, 1998: 266)

Estas son palabras de Tolkien, pero bien podrían haber sido las de Joseph Wright, catedrático de filología comparada y pionero en el estudio de los dialectos del inglés. No en vano, estudió mano a mano con los *Junggrammatiker*, los filólogos alemanes que revolucionaron los estudios lingüísticos a finales del siglo XIX, promoviendo la aplicación escrupulosa del método científico para investigar meticulosamente los sonidos de las lenguas y sus cambios históricos. Tolkien, aunque perteneciente a una generación posterior, heredó de él la admiración y el deleite por esos detalles.

Su actitud, sin embargo, no era la habitual. La Facultad de Inglés de Oxford había sido fundada por personalidades como Wright, y aún se preservaba un respeto hacia ese tipo de filólogos, pero existía una brecha muy acusada entre ellos y los que se centraban en investigar los aspectos literarios de los textos ingleses, más que en el «recuento de grafías y fonemas», como ironizaba Tolkien en su discurso. Las dos facciones tenían hasta nombre propio: *Lang.* y *Lit.*, las abreviaturas de «lenguaje» y «literatura», respectivamente. El cisma era casi tan antiguo como la Facultad, que nació con un carácter muy lingüístico, pero se vio obligada a crear una alternativa más literaria en el plan de estudios para atraer alumnos. Los estudiantes y profesores que sentían el entusiasmo de Tolkien por la filología eran minoría; la mayoría veía los estudios de *Lang.* con la reverente acrimonia que se siente hacia una materia aburrida y aparentemente inútil, pero tan complicada y difícil de entender que quienes la dominan hacen gala de ello. Quizás eso estuviera bien para los estirados tiempos victorianos, pensaban, pero el siglo XX buscaba algo mejor.

Ahora bien, lo que Tolkien persiguió durante toda su carrera, desde que empezó a dar clases, fue precisamente acabar con esa rivalidad. Deploraba la posición minoritaria de los estudios de *Lang.* hacia los que sentía devoción, pero no reivindicaba su superioridad respecto a *Lit.*, sino la necesidad de despojarlos de la «connotación de terror, si no de misterio» sentida por los estudiantes (Tolkien, 1993: 22). Así, en la faceta más política de su labor como catedrático de Oxford, la que tenía que ver con la confección de planes de estudio más que con los trabajos de investigación, uno de los grandes hitos en su carrera fue cambiar el currículum académico de la Facultad de Inglés, en un intento de acabar con esa separación entre críticos y lingüistas (Tolkien, 1930).

Hay algo muy significativo en uno de sus trabajos académicos más conocidos: «*Beowulf*: los monstruos y los críticos», aclamado como el ensayo más influyente que se ha escrito sobre el poema anglosajón de *Beowulf* en los doscientos años que lleva estudiándose (Drout, 2011). A pesar de la clasificación de Tolkien como especialista de *Lang.*, ese trabajo tan famoso y prominente en su carrera podría clasificarse perfectamente como una crítica literaria del poema. De hecho, en lo que se centra es en lo típico que se puede esperar del análisis literario de una obra moderna: el contexto en que se compuso, las motivaciones del poeta, la estructura narrativa, y no tanto en los detalles lingüísticos, aunque los aborda también con naturalidad, como elemento indispensable para entender todas las demás cosas. Es, en cierto modo, su testamento del hermanamiento entre *Lit.* y *Lang.* que deseaba para su profesión.

La filología de los días dorados

Tolkien anhelaba lo que para él habría sido un retorno a la filología del pasado. En el discurso de despedida que mencionaba al comienzo, Tolkien hablaba con nostalgia de «los días dorados del lejano pasado, cuando los estudios de inglés estaban desorganizados, cuando eran un pasatiempo y no un negocio» (Tolkien, 1998: 266). Seguramente pensaba en el contexto en el que hicieron carrera gente como su admirado tutor, Joe Wright. Cuando este comenzó, los estudios de inglés estaban realmente desorganizados, en Oxford y en todo el mundo; ni siquiera existía Facultad de Inglés en la Universidad. En aquella época no se consideraba que las lenguas vernáculas fuesen el tipo de cosas en las que se tenía que basar la formación de los universitarios; lo importante, donde estaba la sabiduría era en «los Grandes», los clásicos griegos. Por supuesto, el inglés y su historia también se estudiaba; incluso había una cátedra de anglosajón, otra de filología comparada –que de hecho fue la que luego ocupó Wright–, y también una Sociedad Filológica fuera de la Universidad. Pero la gente que se dedicaba a ello lo hacía de forma más bien autónoma, marcando ellos mismos sus objetivos, fuera de los programas de estudios reglamentados: casi como un pasatiempo, y no un negocio, tal como decía Tolkien.

Hay, sin embargo, otro pasado que para Tolkien también habría sido de «días dorados» de la filología, incluso más que el de sus maestros: el de los que pusieron los fundamentos sobre los que trabajaron los maestros de sus maestros, el de cien años antes, cuando brillaron figuras como Jacob Grimm. Este era el mayor de los conocidos hermanos Grimm, que dedicaron su vida a investigar la lengua y la tradición del pueblo alemán. El trabajo de los Grimm, y especialmente el de Jacob, es el antecedente más notable de lo que Tolkien admiraba y amaba de su profesión. Se conoce a Jacob y a Wilhelm Grimm sobre todo por sus recopilaciones de cuentos populares, pero también fueron pioneros y grandes estrellas en el estudio de la historia de la lengua alemana. Los lingüistas alemanes les deben a ellos obras fundamentales como el *Deutsches Worterbuch* y la *Deutsche Grammatik*, el «diccionario alemán» y la «gramática alemana»: unos formidables tratados históricos no solo de la lengua y el vocabulario alemán, sino de la familia de las lenguas germánicas en general. Y hasta hay una de las «leyes» de cambios fonéticos, el tipo de fenómenos que caracterizan cómo los idiomas cambian sus sonidos a lo largo de la historia, que lleva su apellido.

Pero igual que le ocurría a Tolkien, para los Grimm los detalles fonéticos y etimológicos eran, aunque apasionantes, solo un elemento del lenguaje: como para el biólogo lo pueden ser las células y los procesos químicos que hacen que se muevan, produzcan sustancias, se reproduzcan... y sin embargo lo realmente maravilloso es la vida de los organismos que se construyen con ellas. Del mismo modo, lo maravilloso del lenguaje era para ellos las obras y la cultura que nacen de él, a las que da vida.

Por eso Jacob Grimm comenzó otro proyecto que desafortunadamente no tuvo tiempo de acabar: el más colosal tratado filológico sobre mitología que se ha escrito, y que posiblemente se llegue a escribir, incluso contando su estado inconcluso. Siguiendo la línea de sus anteriores trabajos lingüísticos, lo llamó *Deutsche Mythologie*, «mitología alemana», aunque en la traducción inglesa James Stallybrass le cambió el título a *Teutonic Mythology*, y no sin razón, porque lo que contiene son descripciones, explicaciones y relaciones entre personajes, narraciones, supersticiones y ritos de todo el espectro de tradiciones germánicas, no solo las alemanas, con una presencia especialmente destacable de las nórdicas.

Mucho del conocimiento que hoy se preserva de aquellas leyendas y mitos está recogido en ese tratado que, para muchos, incluso para el mismo Tolkien, ha sido una importante fuente de inspiración. Cuenta Tom Shippey, uno de los estudiosos más importantes y sagaces de la obra de Tolkien que existen, que la clasificación de los elfos que hay en la Tierra Media (elfos de la luz, elfos oscuros, elfos grises, etc.) es, en buena parte, una forma imaginativa de resolver la inconsistencia que Jacob Grimm encontraba en la confusa agrupación de *ljósálfar*, *dökkalfar* y *svartálfar* en la mitología nórdica (Shippey, 2004).

Otro caso es el de Eärendil, un personaje esencial de la mitología del *Silmarillion* y *El Señor de los Anillos*, y también el más antiguo de su *legendarium*. Surgió en 1914, como protagonista de un poema que compuso cuando aún no existía nada de lo que podemos conocer de la Tierra Media: ningún otro personaje, lugar ni historia. Contaba él mismo que la inspiración le vino de unos versos en inglés antiguo, que mencionaban a un tal Éarendel, refiriéndose al parecer a algún tipo de ángel, mensajero o salvador. «El más brillante de todos», decía el verso anglosajón, aunque no acababa de estar del todo claro a qué se refería. Y ese es también uno de los misterios que expuso Jacob Grimm en su tratado mitológico, relacionándolo con historias alemanas y escandinavas de otros personajes con nombres parecidos, que en un caso era un marinero, en otro una estrella, etc. Tolkien tomó todos aquellos ingredientes y cocinó la historia de un marinero, un medio elfo descendiente de los reyes de los hombres y los elfos, que en los días más aciagos de la guerra contra Morgoth navegó hasta los confines del mundo, para pedir perdón a los dioses por los actos de sus antepasados, y ayuda para liberar a los pocos que aún quedaban haciendo frente al Señor Oscuro. Y así este mensajero consiguió la salvación de la Tierra Media, y con la bendición de los dioses ascendió a los cielos en forma de estrella: la estrella cuya luz recogió Galadriel en su espejo, y Frodo portó consigo como regalo para luchar contra la oscuridad en los momentos más difíciles de su viaje por Mordor.

Y es que para Tolkien la filología no era solo la investigación de los misterios que plantea la evolución de los sonidos y las palabras, de por qué hay palabras latinas que empiezan por *p* pero en inglés comienzan por *f*, o de si en el antiguo idioma de los hititas había algún sonido que se ha perdido en todas las lenguas que descendieron de él. También trataba de los misterios que plantean los nombres de los personajes y lugares antiguos y modernos, de sus historias y los mitos que surgen del lenguaje, y que dan vida a las lenguas, incluso a las que consideramos »lenguas muertas», aunque para él no lo eran. «La mitología griega depende de la estética de su lengua y de su nomenclatura», escribió una vez, añadiendo: «y viceversa» (Tolkien, 1993: 271). Sostenía que las lenguas antiguas, incluso las que ya no se emplean, tenían más vida que las lenguas artificiales como el völapuk, el esperanto, el ido y otras, porque estas no tenían leyendas como aquellas.

Subcreación de lenguas e historias

Los misterios filológicos que encontraba Tolkien en los textos antiguos no eran para él solo la fuente de pesquisas e indagaciones académicas. También le llevaban a crear, o como decía él, a *subcrear*. La relación de Tolkien con su trabajo y su obra se encuentra reflejada de manera muy elocuente en su cuento *Hoja de Niggle*, una historia alegórica en la que el protagonista era el reflejo del propio autor. Niggle era un pintor; lo más importante de toda su vida para él era el cuadro de un árbol que se dedicaba a pintar, pero no era eso lo que debía hacer: su deber era cultivar patatas, en un campo que cuidaba menos de lo que se esperaba de él. Se suele decir que las patatas de Niggle representan la producción académica de Tolkien, su trabajo como filólogo, y que el cuadro del árbol era su creación mitológica. Por otro lado se podría considerar que las patatas no eran exactamente su labor de filólogo, sino solo la parte aburrida, aunque nutritiva y pecuniaria de la misma, y que el árbol era su visión más amplia de la filología. Lo bueno es que no hace falta discernir si una interpretación es más correcta que la otra, pues no había tanta diferencia entre lo que Tolkien entendía de forma amplia como «filología» y su obra imaginativa.

Una cosa era la extensión de la otra. Antes mencionaba las lenguas que Tolkien se dedicó a inventar desde que era pequeño, y también aquel libro sobre el gótico que le abrió las puertas a una nueva forma de indagar en el lenguaje. Pero lo que ocurrió no fue que reemplazase un divertimento infantil por una actividad intelectual más adulta, seria y elevada, sino que a la vez que amplió los horizontes de lo que podía ser estudiar las lenguas, también amplió el de lo que podía suponer inventárselas y jugar con ellas, de un modo que hizo que el límite entre una cosa y otra se convirtiese en algo difuso.

Sabemos algo de cómo eran las lenguas que inventaba en su infancia: diversiones infantiles sencillas y no tan sencillas, como una lengua basada en nombres de animales y otra en juegos fonéticos a partir del vocabulario inglés, o experimentos más sofisticados que mezclaban etimologías de distintos idiomas aderezadas con su propio criterio estético. Pero poco después de adquirir aquel libro sobre el gótico comenzó a hacer algo distinto. Al principio era poco más que lo que haría cualquier joven que se divierte aprendiendo idiomas exóticos: utilizaba el gótico para rotular cosas personales como su cuaderno de dibujos (*bōkōs anamēleinais*), o para marcar libros con su nombre (Ronald Tolkien), traducido como *Ruginwaldus Dwalakōneis* (Smith, 2006).

Ahora bien, hay un problema cuando se intenta hacer esto con un idioma como el gótico, y es que no es solo un idioma muy antiguo, sino también uno del que quedan muy pocos registros. Así que para incluso las palabras o expresiones más sencillas uno tiene que ir más allá de lo que realmente se conoce de la lengua, e intentar adivinar o construir palabras por analogía con otras, como «dibujo» (*anamēleins*) o «historia» (*jēramēleins*). Así que Tolkien se encontró volcado en ese mismo juego de reconstrucción de palabras hipotéticas, perdidas en nuestros registros, al que se dedicaban los filólogos más serios, aunque su imaginación, y la irrefrenable pasión que sentía por ese tipo de juego, le hizo llevarlo mucho más lejos de lo que se atrevería (públicamente) cualquiera que trabajase en ello profesionalmente.

Poco después comenzó a esbozar lo que llamó *gautisk*, un idioma derivado del gótico que al parecer Tolkien pretendía asociar a los gautas, el pueblo al que pertenecía el héroe Beowulf del poema anglosajón. Quizás esto pueda parecer más un ejercicio de fantasía que de estudio serio, pero si se mira fríamente, es poca la distancia que separa aquello de los intentos de reconstruir el protogermánico, el protonidoeuropeo y otras lenguas perdidas, que han ocupado el trabajo serio y bien pagado de muchos filólogos.

Las lenguas inventadas por Tolkien más conocidas, como las de los elfos de la Tierra Media, la lengua negra de Mordor, o la de los hombres de Númenor entre otras, aunque parezcan algo muy distinto de la labor profesional de un filólogo, solo eran un paso más en esa escala imaginativa. Un solo paso, y tan corto que ni siquiera requería cambiar de página. Las notas de ese gautisk que se conservan están en el mismo cuaderno en el que se encuentran los primeros esbozos del quenya, la antigua lengua de los elfos de la Tierra Media, e incluso se encuentra algún que otro cruce de vocabulario entre los dos idiomas, como la palabra élfica *miruvor* (el néctar de los Valar) y la reconstrucción gótica *miduwōpi* (hidromiel-dulce). Así, la línea divisoria entre el ejercicio académico y el imaginativo es algo que en Tolkien suele encontrarse desdibujado. Como profesional que se tenía que ganar la vida, claro está, sabía distinguir lo que debía presentar a la prensa universitaria y lo que debía ir a sus editores literarios, o quizás quedarse en casa. Pero a nivel personal ambas cosas eran distintos aspectos de una misma.

Algunas veces incluso se arriesgaba mezclar las patatas del campo de Niggle con el cuadro del árbol. Esto ocurrió en 1953, cuando se le presentó la oportunidad de publicar un ensayo sobre *La batalla de Maldon*, un antiguo poema heroico en inglés antiguo, en la revista de *Essays and Studies by Members of the English Association*. Según Tolkien, un elemento central pero normalmente mal entendido del poema era el tema representado por la palabra *ofermód*: el «orgullo desmedido» del héroe, que líricamente es muy poderoso y suele verse como una virtud épica, pero que en la persona del rey, el que debe gobernar y proteger a su pueblo, era –decía él– también una muestra reprobable de irresponsabilidad. Pero no se conformó con enviar un ensayo sobre ese asunto, sino que lo acompañó de un poema inventado por él mismo, con el mismo estilo de verso aliterado que el original, que planteaba una especie de secuela, relatando lo ocurrido después de la batalla cuando un par de súbditos están recogiendo los cadáveres, y el más viejo alecciona al joven sobre qué es lo importante en la vida y en la guerra.

Dentro del lenguaje

Si se quiere resumir en pocas palabras la forma en la que Tolkien entendía y practicaba la filología, habría que pensar en el sentido original la palabra griega, que significa literalmente «amor por las palabras», más que en la práctica habitual de esa profesión hoy en día. Lo que apasionaba a Tolkien era indagar en la estructura de las lenguas y sus sonidos, en los significados, usos y matices de palabras individuales. Pero también reconocía y entendía que la mayoría de estudiantes se sintiesen más atraídos los aspectos literarios: los temas, los argumentos, los lugares y los personajes de los textos que tenían que estudiar, y el contexto histórico y cultural en el que se escribieron. Lo que él defendía era que el entendimiento pleno de esas cosas se conseguía en parte conociendo bien los nombres, palabras y expresiones que se utilizaban, de dónde venían y cómo llegaron a adquirir sus significados. Y viceversa: el gozo de indagar en los nombres y las palabras, estudiar cómo cambiaba su forma y significado, lo encontraba principalmente cuando ese trabajo resolvía misterios y le ayudaba a descubrir cosas sobre los textos en los que se utilizaban.

Por otro lado, a nivel personal ese estudio, esas investigaciones rápidamente le conducían a imaginar nuevas lenguas y nuevas historias. En parte esto era la consecuencia de un talento extraordinario, para el que la mera realidad, los hechos comprobables, se quedaban cortos. Pero en cierto modo también ocurría lo contrario: su gran talento se nutría de esa forma de pensar en el lenguaje y gozar de él. Quizás la expresión más clara de esto se encuentra en la forma en la que describía la relación de los elfos con el lenguaje.

Hay un texto en el que Tolkien puso por escrito las respuestas de Pengolodh, maestro de la tradición élfica, a las preguntas de

Ælfwine, un marinero inglés que, siglos después de las historias del *Silmarillion* y *El Señor de los Anillos*, había llegado a la Isla Solitaria donde moraban los elfos, y allí les preguntó por su cultura y tradiciones. Una de esas preguntas era cómo era que cambiaban las lenguas de los elfos igual que las de los hombres, cuando aquellos pueden vivir para siempre, y por lo tanto no debían haber olvidado cómo hablaban siglos atrás. Y lo que respondía Pengolodh era, esencialmente, que para los elfos el lenguaje no era solo una herramienta de comunicación, sino una forma de arte, de expresión de su naturaleza, de modo que inventar, o más bien descubrir nuevas asociaciones entre ideas y sonidos no era solo útil, sino también gozoso, y algo esencial para mantenerlo vivo.

La interpretación obvia es que ahí Tolkien estaba personificando en los elfos su experiencia personal cuando inventaba las lenguas élficas. Pero él iba más allá, haciendo a Pengolodh añadir que entre los hombres también ocurría algo así, aunque fuese de forma menos consciente; y aunque sea parte de un texto ficticio, hay pocas razones para dudar de que Tolkien estaba diciendo lo que pensaba que ocurría en realidad.

De este modo Tolkien atribuía a la creatividad, al impulso artístico natural del ser humano, el origen de todo lo relacionado con el lenguaje: no solo el origen de las obras que se expresan verbalmente, con palabras, sino el origen del propio verbo que sustenta esas obras. De la misma manera, la intensidad y especialmente la consciencia con la que ese impulso artístico obraba en él, y –no lo subestimemos– el pensamiento de que eso era el fundamento real del lenguaje, le daba una perspectiva especialmente aguda, una intuición a la hora de investigar las palabras, encontrar patrones en los sonidos que otros no percibían, igual que el pintor puede encontrar patrones en las geometrías y relaciones entre los colores de una planta que pasan desapercibidas al botanista.

Esta importancia de la imaginación como punto de partida para entender la realidad era un tema fundamental de la filosofía literaria de Tolkien. Él lo comentó en su ensayo *Sobre los cuentos de hadas*, cuando hablaba de la subcreación, del poder de la fantasía como forma de ver y entender el mundo, en contra de la perspectiva del que lo que quiere es conocer las cosas «de verdad», y no fantasías. Esto es algo que algunos de su círculo intelectual más cercano, como C. S. Lewis, expresaron con más contundencia:

> No estamos hablando de la verdad, sino del significado; el significado que es la condición previa tanto de la veracidad como de la falsedad, y cuya antítesis no es el error sino el sinsentido. Yo soy un racionalista. Para mí la razón es el órgano natural de la verdad, pero la imaginación es el órgano de la significación. La imaginación, al producir metáforas nuevas o revivir antiguas, no es la causa de la verdad, sino su condición. (Lewis, 1939, 157)

Y a Lewis, su más fiel amigo durante décadas, también es a quien debemos el que creo que es el comentario más perspicaz que se ha escrito, sobre cómo el ejercicio imaginativo que Tolkien practicaba al inventar sus lenguas élficas fue una clave esencial de su especial posición entre los filólogos del siglo XX. Fue en la nota biográfica que publicó el *Times* como obituario de Tolkien, para el que habían comisionado a Lewis una década atrás (Duriez, 2012, 104–105). Hablaba de la «lengua élfica» que comenzó a inventar, cuando se puso a estudiar en Oxford bajo la influencia de Joseph Wright:

No se trataba de un galimatías arbitrario, sino de una lengua realmente posible, con raíces consistentes, leyes fonéticas e inflexiones, en la que volcó toda su capacidad imaginativa y filológica; y por extraño que pueda parecer, ese ejercicio fue sin duda la fuente de aquella riqueza y concreción sin parangón, que más tarde le distinguió de todos los demás filólogos. Él había estado dentro del lenguaje (*Professor J. R. R. Tolkien*, 1979, 12).

Bibliografía

Carpenter, Humphrey. (1990). *J. R. R. Tolkien: una biografía*. Barcelona: Ediciones Minotauro.

Cilli, O. (2017). «Tolkien and the British Esperanto Movement». En O. Cilli (ed.) *J.R.R. Tolkien the Esperantist*, pp. 57–128. Barletta: Studio Cafagna Editore

Drout, M. D. C. (2011). ««Beowulf: The Monsters and the Critics» Seventy-Five Years Later». *Mythlore: A Journal of J.R.R. Tolkien, C.S. Lewis, Charles Williams, and Mythopoeic Literature* 30 (1), Article 2.

Duriez, C. (2012). *Amazing & Extraordinary Facts - Tolkien*. Exeter: David & Charles.

Fulk, R. D. (2016). «Philological methods». En M. Kytö y P. Pahta (eds.) *The Cambridge Handbook of English Historical Linguistics*, pp. 95–108. Cambridge: Cambridge University Press, DOI: 10.1017/CBO9781139600231.007

Lewis, C. S. (1939). *'Rehabilitations' and Other Essays*. Londres: Oxford University Press.

——. (2003). *Collected Letters*. 3 vols. Londres: HarperCollins Publishers.

«Professor J. R. R. Tolkien. Creator of Hobbits and inventor of a new mythology» (1979). En: Salu, M., Farrell, R. T. (ed.). *J. R. R. Tolkien, Scholar and Storyteller. Essays in Memoriam*. Ithaca y Londres: Cornell University. 11–15.

Shippey, T. A. (2004). «Light-elves, Dark-elves, and Others: Tolkien's Elvish Problem». *Tolkien Stdies*, 1 (1): 1-15. DOI: 10.1353/tks.2004.0015.

——. (2014). «Tolkien as Editor». En S. D. Lee (ed.) *A Companion to J. R. R. Tolkien*, 41-55. John Wiley & Sons Ltd. DOI: 10.1002/9781118517468.ch3.

——. (2016). Beowulf Studies from Tolkien to Fulk. En L. Neidorf, R. J. Pascual y T. A. Shippey (eds.) *Old English Philology: Studies in Honour of R.D. Fulk*, pp. 392–414. Martlesham: Boydell & Brewer.

Smith, A. (2006). «Tolkienian Gothic». En: W. G. Hammond y C. Scull (eds). *The Lord of the Rings 1954-2004. Scolarship in Honor of Richard E. Blackwelder*, pp. 267–281. Milwaukee: Marquette University Press.

Stanley, E. (2017). «C.S. Lewis and J.R.R. Tolkien as I knew them (never well)». *Journal of Inklings Studies*, 4 (1), 123-142, DOI: 10.3366/ink.2014.4.1.6

Tolkien, J. R. R. (1930) «The Oxford English School». *The Oxford Magazine*, Mayo 1930: 778-82.

——. (1924). «Philology: General Works». *The Year's Work in English Studies* IV: 20-37. DOI: 10.1093/ywes/IV.1.20.

——. (1993) *Cartas de J. R. R. Tolkien*. Editado por Humphrey Carpenter y Christopher Tolkien. Barcelona: Ediciones Minotauro.

——. (1998) '*Los monstruos y los críticos' y otros ensayos*. Editado por Christopher Tolkien. Barcelona: Ediciones Minotauro.

Momma, H. (2012). *From Philology to English Studies: Language and Culture in the Nineteenth Century*. Cambridge: Cambridge University Press. DOI: 10.1017/CBO9781139023412.

¿SUBCREAR MUNDOS SECUNDARIOS? TRADUCIR EL MUNDO FICCIONAL DE TOLKIEN

María del Carmen Moreno Paz

Los mundos secundarios de la ficción

En su popular ensayo *Sobre los cuentos de hadas*, Tolkien (1947/2014) se propone esbozar una teoría sobre este género literario. Pronunciado originalmente en 1939 como una conferencia sobre Andrew Lang en la universidad escocesa de St. Andrews, este ensayo aborda numerosos temas –definición, delimitación, origen y funciones de los cuentos de hadas– desde una perspectiva tal vez más literaria que académica, como puede constatarse en palabras del propio autor:

> Faërie is a perilous land, and in it are pitfalls for the unwary and dungeons for the overbold. And overbold I may be accounted, for though I have been a lover of fairy-stories since I learned to read, and have at times thought about them, I have not studied them professionally. I have been hardly more than a wandering explorer (or trespasser) in the land, full of wonder but not of information. (Tolkien, 1947/2014: 27)[1]

Este estilo metafórico y a menudo incluso poético no impide a Tolkien, sin embargo, abordar el tema con gran rigor y sensibilidad, planteando –aunque solo sea de manera intuitiva y perspicaz– ideas sorprendentemente lúcidas a propósito de numerosas cuestiones relacionadas. Por limitarnos al objeto de este trabajo, conviene destacar, en primer lugar, su percepción de que, a través de la lengua y de las palabras, los seres humanos pueden actuar como «subcreadores» (*subcreators*) que crean sus

---

[1] «Faërie es una tierra peligrosa, con trampas para los incautos y mazmorras para los osados. Y de osado se me puede acusar, pues aunque he sido un gran amante de los cuentos de hadas desde que aprendí a leer, y he reflexionado en ocasiones sobre ellos, no los he estudiado de manera profesional. No he sido más que un explorador errante (o intruso) en esta tierra, lleno de asombro, pero no de conocimiento» [traducción propia].

propias historias o *mundos secundarios* (Tolkien, 1947/2014: 41-42). Recurriendo a una explicación muy similar a la que ofrece la teoría de la ficción, como se verá más adelante, Tolkien describe este fenómeno del siguiente modo:

That state of mind has been called 'willing suspension of disbelief'. But this does not seem to me a good description of what happens. What really happens is that the story-maker proves a successful 'subcreator'. He makes a Secondary World which your mind can enter. Inside it, what he relates is 'true': it accords with the laws of that world. You therefore believe it, while you are, as it were, inside. The moment disbelief arises, the spell is broken; the magic, or rather art, has failed. You are then out in the Primary World again, looking at the little abortive Secondary World from outside. (Tolkien, 1947/2014: 52)[2]

Esta idea de un mundo secundario generado como resultado de la creatividad humana con sus propios valores de verdad y referencialidad apunta, en realidad, a varias de las características que permiten definir los mundos ficcionales de acuerdo con la filosofía y la teoría de la literatura. Además, Tolkien se refiere intuitivamente a la existencia de distintos tipos de mundos ficcionales: al señalar que la fantasía es probablemente la forma más complicada de «subcrear», por sus diferencias con respecto al mundo real (o *mundo primario*), Tolkien está señalando implícitamente que los mundos ficcionales pueden variar en función

---

[2] «[…] A ese estado mental se lo ha denominado «suspensión voluntaria de la incredulidad», pero a mí no me parece una buena descripción de lo que ocurre. Lo que ocurre, en realidad, es que el creador de la historia demuestra ser un buen «subcreador». Crea un Mundo Secundario en el que la mente puede adentrarse. Dentro de él, lo que relata es «verdad»: se ajusta a las leyes de ese mundo; de modo que uno lo cree mientras está, por así decirlo, dentro. En el momento en el que surge la incredulidad, el hechizo se rompe; la magia, o más bien el arte, ha fracasado. Y entonces, al volver al Mundo Primario, se contempla ese pequeño Mundo Secundario fallido desde fuera» [traducción propia].

del grado de posibilidad o verosimilitud con respecto al mundo real (Tolkien, 1947/2014: 60).

Por último, cabe destacar –por la importancia que tiene para la traducción de su mundo ficcional– la afirmación de Tolkien de que la fantasía conviene reservarla para las palabras, puesto que como mejor se alcanza es con la literatura: «Fantasy is a thing best left to words, to true literatura» (Tolkien, 1947/2014: 61).

El concepto de mundo secundario no es, sin embargo, invención de Tolkien, pues se ha definido por diversos autores en varios ámbitos de estudio y a lo largo de distintas épocas. En filosofía, el concepto de *mundo ficcional* aparece con frecuencia asociado al de *mundo posible* –como alternativa hipotética al mundo real en la lógica modal–, aunque pueden establecerse importantes diferencias[3].

En su obra *The nature of fiction*, Gregory Currie precisa que, a diferencia de los mundos ficcionales, los mundos posibles están determinados en lo que concierne a los valores de verdad (es decir, cada proposición es verdadera o falsa) y son coherentes (nada lógicamente imposible es verdad en un mundo posible). Por el contrario, los mundos ficcionales son siempre indeterminados – algunas cuestiones no tienen una respuesta definida porque no se dispone de la información suficiente y, por tanto, no se puede determinar que sean verdaderos o falsos– y, en algunas ocasiones, incoherentes. De hecho, en el caso de la ficción, se puede hablar solo de una «verdad ficcional» (*fictional truth*) que solo es verdad en el mundo ficcional en el que se integra (Currie, 1990: 75-76).

---

[3] El concepto de *mundo posible*, de acuerdo con autores como Doležel (1998: 13), se suele atribuir a Leibniz, que aborda la cuestión desde una perspectiva metafísica: los mundos posibles residen en la «mente divina omnisciente» y poseen una existencia trascendental, por lo que solo podrían ser *descubiertos* por mentes privilegiadas. Esta visión metafísica, no obstante, está ya superada en el ámbito académico, ya que los mundos posibles no se *descubren*, sino que se *construyen* gracias a la creatividad humana.

Por su parte, Lamarque y Olsen proponen que el concepto de mundo ficcional se asocie más bien al de un «escenario o contexto ficcional» (*fictional setting*), ya que no pueden identificarse como mundos posibles. Mientras que los mundos posibles de la lógica modal están completos, los mundos ficcionales no lo están, por lo que el lector debe realizar una tarea de compleción individual (Lamarque y Olsen, 1994: 91). Por este motivo, los autores estiman que los mundos ficcionales deben entenderse como constructos narrativos e imaginativos estrechamente relacionados con las formas lingüísticas que los caracterizan.

Por último, Lubomír Doležel –uno de los autores que ha abordado con más detalle esta cuestión y que ha desarrollado su propia teoría al respecto– trata de aunar la teoría de los mundos posibles de la lógica modal y la teoría de los mundos ficcionales de la semántica narrativa. A diferencia de la lógica, el autor considera que en la semántica narrativa la noción de mundo posible no debe establecerse según el valor de verdad de las proposiciones, ya que el significado de un texto ficcional no puede reducirse al concepto de verdad (Doležel, 1979: 194-195). A pesar de las diferencias ya mencionadas entre ambos conceptos, Doležel (1979: 195-196) recupera, no obstante, dos ideas de la teoría de los mundos posibles para formular las propiedades de los mundos narrativos. En primer lugar, la lógica semántica caracteriza los mundos posibles como constructos lógicos no empíricamente observables alternativos al mundo real, mientras que los mundos narrativos pueden identificarse con constructos semióticos específicos construidos a partir de determinadas entidades narrativas. Su existencia, sin embargo, es tan solo textual. En segundo lugar, un mundo posible no es un conjunto aleatorio y desordenado de entidades, sino que está construido de acuerdo con ciertos principios globales estipulados. Por su

parte, un mundo narrativo está condicionado por las restricciones semánticas responsables de la organización macroestructu-
ral del texto narrativo, de modo que se trata de un macrosistema
organizado de entidades.

Por tanto, en la ficción los mundos posibles son «artefactos»
o «constructos» producidos por actividades estéticas, como la
música, la poesía, la pintura, el cine, etc. Puesto que se construyen a partir de sistemas semióticos (lengua, colores, formas, sonidos, etc.), pueden considerarse, en definitiva, objetos semióticos (Doležel, 1998: 13-14). En el caso de la literatura, el texto
constituiría el intermediario para la creación del mundo posible,
apunte fundamental para la traducción: si el texto permite la ac-
tualización de un mundo ficcional, ¿qué ocurre al traducirlo y
producir otro texto en otra lengua? ¿Estaríamos hablando de
otro tipo de *subcreación*? ¿Seguiría siendo, en realidad, el mismo
mundo ficcional?

Antes de tratar de responder a estas preguntas, convendría, no
obstante, profundizar en el carácter textual de los mundos posibles de la ficción. Como todo tipo de discurso, el discurso ficcional se diferencia de la no-ficción por una serie de características pragmáticas, semánticas y relacionales: la ficción es una
práctica discursiva de carácter social y cultural, con un propósito
comunicativo determinado que implica la adopción de una actitud de «suspensión de incredulidad» (del inglés *suspension of disbelief*, noción atribuida a Coleridge) por parte de emisor y receptor;
y caracterizada por unos valores de referencialidad y verdad distintos del discurso no ficcional, que permiten la suspensión de
las convenciones lingüísticas normales y la adopción de una actitud de «simulación» hacia la ficción (Moreno Paz, 2019). En
definitiva, el discurso ficcional es un tipo de texto que se asocia
a prácticas culturales y sociales –para que se produzca la ficción

debe haber un acto comunicativo– con una función comunicativa concreta (contar una historia con un propósito lúdico) y en el que el autor *simula* llevar a cabo actos de habla normales –narrar, contar una historia– que, sin llegar a ser falsos, no son tampoco verdaderos con respecto al mundo real; mientras que el receptor, por su parte, *simula* aceptarlos como verdaderos gracias a esa actitud consciente hacia la ficción conocida como la suspensión de la incredulidad.

En cuanto a las propiedades semánticas, además de las propiedades relacionales como referencialidad y valor de verdad internos de la obra de ficción, destacamos la presencia de *irrealia* o particulares ficcionales: entidades abstractas no materiales que, en el texto ficcional, se presentan como unidades léxicas que designan conceptos ficcionales y que contribuyen a configurar semánticamente el mundo ficcional (Moreno Paz, 2019). Constituyen creaciones neológicas –sin por ello considerarse como *neologismos* en el sentido estricto del término (Moreno Paz, 2019)– y, por tanto, recurren a los procedimientos de formación propios de la lengua que usa el autor para construir su texto. Puesto que este procedimiento de formación responde a una intención denominativa determinada, la «reconstrucción» de esos *irrealia* plantea no pocos problemas al traducir, al tratarse de unidades léxicas de descripción limitada al mundo ficcional, sin referencia externa al mundo real y con una forma lingüística cuidadosamente escogida por su autor, a menudo incluso con una carga semántica reconocible.

Por último, conviene no olvidar las propiedades formales de los textos ficcionales. Si bien numerosos autores coinciden en que no son características determinantes para que se produzca la ficción, sí reconocen que el discurso ficcional puede presentar características estilísticas y formales propias (Lamarque, 1983;

Currie, 1990; Lamarque y Olsen, 1994). Aunque la *ficción* no debe confundirse con la *literatura*, si tenemos en cuenta la función estética y expresiva que presenta habitualmente la ficción literaria, todo mundo narrativo se actualiza a través de un texto que, al ser producto de la creatividad humana, refleja el estilo particular de un autor. A pesar de la aparente intangibilidad de este concepto, el estilo se puede adivinar a través de las estructuras sintácticas, las elecciones léxicas o el uso de determinadas construcciones, por lo que es tarea del traductor reproducir ese estilo.

Y he aquí, por tanto, la dificultad de la traducción: reproducir un discurso ficcional —un mundo narrativo, que se actualiza a través del texto, que se construye con palabras— con todos sus valores pragmáticos, semánticos y formales. Un texto ficcional traducido que debe seguir permitiendo que se produzca la suspensión de incredulidad y la intención comunicativa buscada por su autor. El traductor debe, por ende, volver a crear en otra lengua (es decir, con otros medios lingüísticos) ese constructo semiótico incompleto e indeterminado —o *subcreación*, para Tolkien— y que, al mismo tiempo, siga siendo *el mismo* texto original, el mismo mundo secundario. Podría decirse, en realidad, que la traducción busca también la suspensión de la incredulidad a otro nivel: debe reescribir el texto a otra lengua *como si* el autor original hubiera escrito en esa lengua, de modo que el receptor lea el texto traducido *como* un original. Tarea compleja, en todos los casos, y en especial si hablamos de Tolkien, a quien la construcción de su mundo ficcional llevó décadas, y que se sirvió de una profunda red de inspiraciones lingüísticas, mitológicas y culturales.

El mundo secundario de Tolkien

Hablar de Tolkien es hablar de filología, y su mundo ficcional no es una excepción. La pasión de Tolkien por las lenguas – inventadas por él mismo o no– se ve reflejada en muchos aspectos de su obra, cuya inspiración, como reconoce el propio autor en varias ocasiones, es fundamentalmente lingüística. En su carta n.º 165 a Houghton Mifflin (su editor estadounidense), Tolkien afirma que su obra es, en esencia, un ensayo de «estética lingüística», aunque pueda parecer una aberración a los académicos universitarios que un profesor de filología escriba cuentos de hadas (Carpenter, 1981/2006: 219-220). Igualmente llamativa resulta su afirmación de que la historia fue creada para proporcionar un mundo a sus lenguas inventadas, y no al revés: él crea primero los nombres y después la historia. Llega a afirmar, incluso, que hubiera preferido escribirla en élfico –aunque reconoce que pocos hubieran podido entenderla y digerirla– y que la lengua está presente de muchas formas.

En otra carta –la n.º 144, dedicada a Naomi Mitchinson–, Tolkien reitera de nuevo la importancia de las lenguas en su obra y explica la compleja red lingüística que crea para otorgar verosimilitud a su mundo ficcional:

> Anyway 'language' is the most important, for the story has to be told, and the dialogue conducted in a language; but English cannot have been the language of any people at that time. What I have, in fact done, is to equate the Westron or wide-spread Common Speech of the Third Age with English; and translate everything, including names such as The Shire, that was in the Westron into English terms, with some differentiation of the style to represent dialectal differences. Languages quite alien to the C. S. have been left alone. Except for a few scraps in the Black Speech of Mordor, and a few names and a battle-cry in

Dwarvish, these are almost entirely Elvish (Eldarin).[4] (Carpenter, 1981/2006: 175)

A propósito de esta «traducción ficcional» del *westron* al inglés, cabe destacar que el narrador de *The Lord of the Rings* se presenta como un traductor del élfico a la lengua común de la historia de la Tierra Media, de modo que Tolkien, a su vez, se presenta no como un inventor de lenguas o de historias imaginarias, sino como un traductor del Libro Rojo (*Red Book*, en inglés), que vierte a su vez al inglés moderno. Si bien este recurso de la pseudo-traducción no es nuevo en literatura, lo innovador en Tolkien reside en que dedica un extenso apéndice destinado a la explicación de la supuesta traducción de la obra, que titula *On Translation* (Tolkien, 1955/2007: 1127-1138). En este apéndice F el traductor ficcional afirma que, excepto la lengua común — que se sustituye por el inglés moderno–, el resto de lenguas aparece en su forma original y se presenta en su mayor parte en la forma de antropónimos y topónimos. Asimismo, aunque casi todos los pueblos de la Tierra Media poseen su propia lengua, se ofrecen solo en raras ocasiones frases completas. Aborda incluso la cuestión de la variación lingüística en el uso del inglés moderno para dar mayor riqueza y verosimilitud al mundo ficcional, de modo que el traductor ficcional argumenta que ha optado por un dialecto rural para los *hobbits*, un habla más formal para Gondor y un estilo arcaico para Rohan.

---

[4] «De cualquier modo, la «lengua» es lo más importante, pues la historia debe ser contada y el diálogo guiado por una lengua; pero el inglés no hubiera podido ser la lengua de ningún pueblo en aquella época. Lo que he hecho, en realidad, es equiparar el *westron* [oestron], o la extendida lengua común de la Tercera Edad, con el inglés, y traducir todo, incluyendo nombres como *The Shire* [La Comarca], que estaban en *westron*, en términos ingleses, con algunas diferencias estilísticas para representar las variaciones dialectales. Las lenguas distintas de la lengua común son un caso aparte. Excepto algunas muestras en la lengua negra de Mordor y algunos nombres y un grito de guerra en la lengua de los enanos, estas son casi exclusivamente élficas (*Eldarin*)» [traducción propia, con la adopción de la nomenclatura conocida].

Todo esto, en definitiva, plantea un problema espinoso –que no insalvable– para la traducción: a pesar de que el recurso de la pseudo-traducción no es problemático –pues bastaría con sustituir el idioma original por el de la traducción–, reflejar la variación lingüística y la red de lenguas que crea Tolkien en su obra para diferenciar los distintos pueblos sí que puede complicar la tarea. Aunque el español, por ejemplo, cuenta con recursos para reflejar la variación diafásica –registros más o menos elevados– e incluso diacrónica –uso de un español más arcaico para otorgar una sensación de lejanía en el tiempo–, la variación diatópica (asociada al lugar) sí que resulta más difícil de reflejar sin caer en una suerte de «hispanización» del texto y, por tanto, del mundo ficcional.

Al servirse de la lengua para reflejar la relación entre los pueblos, constatamos, por ejemplo, que en Rohan hablan un dialecto arcaico del inglés y que sus nombres proceden del inglés antiguo; o que los nombres de los enanos proceden del nórdico antiguo –lengua emparentada con el inglés–, o que en Bree los nombres tienen en su mayoría un origen céltico. Esta red lingüística en torno al inglés (y a *lo inglés*, pues la obra de Tolkien tiene un color local manifiestamente anglosajón) se diluye en el momento en que la lengua original se sustituye por otra, lo cual no significa que no sea posible preservar la suspensión de incredulidad en el lector y buscar mantener ese color local con otros recursos.

Por último, además de la importancia que Tolkien otorgaba a las lenguas y a las hablas de cada pueblo, en su obra cabe destacar por encima de todo la atención que prestó a la creación de su nomenclatura para denominar los conceptos que configuraban su mundo ficcional. Esto es lo que nos dice su biógrafo al respecto:

When working to plan he would form all these names with great care, first deciding on the meaning, and then developing its form first in one language and subsequently in the other; the form finally used was most frequently that in Sindarin. However, in practice he was often more arbitrary. It seems strange in view of his deep love of careful invention, yet often in the heat of writing he would construct a name that sounded appropriate to the character without paying more than cursory attention to its linguistic origins. Later he dismissed many of the names made in this way as 'meaningless', and he subjected others to a severe philological scrutiny in an attempt to discover *how* they could have reached their strange and apparently inexplicable form[5]. (Carpenter, 1977/2016: 132)

Esta nomenclatura, a la que Tolkien dedicó tanto tiempo y empeño, podría relacionarse con lo que previamente hemos denominado *irrealia*: las unidades léxicas que, en una obra de ficción, hacen referencia a entidades abstractas no materiales y que contribuyen a configurar semánticamente un mundo ficcional (Moreno Paz, 2019).

Cabría preguntarse, en este punto, qué tipo de mundo ficcional crea Tolkien, y qué implicaciones tiene no solo la filología —ya hemos apuntado algunas ideas al respecto—, sino también la configuración semántica de dicho mundo, para su traducción. En su ensayo sobre los cuentos de hadas, Tolkien trata de establecer

---

[5] «Cuando trabajaba en la organización formaba todos estos nombres con cuidado: primero decidía el significado y después desarrollaba su forma primero en una lengua y posteriormente en la otra; la forma que solía usar finalmente era la del *sindarin*. Sin embargo, en la práctica era a menudo más arbitrario. Resulta extraño en vista de su profunda afición por la invención minuciosa; no obstante, a menudo, en el ardor del momento de la escritura, construía un nombre que sonaba apropiado para un personaje prestando poca atención a sus orígenes lingüísticos. Después rechazaba muchos de los nombres construidos así por «carecer de sentido» y sometía otros a un serio escrutinio filológico en un intento de descubrir cómo podían haber alcanzado su extraña y aparentemente inexplicable forma» [traducción propia].

los rasgos definitorios de la fantasía (*fantasy*), aunque el carácter ensayístico y casi literario del texto no arroja demasiada luz al respecto[6]. Volviendo a la teoría de la literatura, resulta casi obligado citar a Tzvetan Todorov y su obra *Introduction à la littérature fantastique*, en la que aborda el fenómeno de lo fantástico como una vacilación entre una explicación sobrenatural o natural de los hechos narrados. Al elegir entre una u otra opción, entraríamos en el terreno de *lo extraño* –si la explicación es natural– o *lo maravilloso* –si es sobrenatural–, por lo que lo fantástico se produciría, en definitiva, solo durante ese momento de vacilación (Todorov, 1970: 29). La obra de Tolkien, si nos atenemos a la teoría de Todorov, entraría dentro del género de «lo maravilloso puro», que se produciría cuando los elementos sobrenaturales no provocan ninguna reacción de extrañeza o asombro ni en los personajes ni en el lector, como ocurre en los cuentos de hadas, donde lo sobrenatural se acepta como natural (Todorov, 1970: 59-62).

Debido a la naturaleza inestable de la visión de lo fantástico como una vacilación, otros autores han optado por considerar de manera más amplia la literatura fantástica como oposición a la literatura realista[7]. El propio Tolkien, en su ensayo sobre los cuentos de hadas, se sumaría a esta línea de pensamiento, que asocia la fantasía a lo irreal, o a aquello que representa elementos sobrenaturales que transgreden las normas que rigen el mundo

---

[6] Además del interés por el pasado y su relación con un mundo secundario distinto del real, en líneas generales Tolkien (1947/2014) caracteriza la fantasía por sus propiedades de «recuperación», «escape» y «consolación» (*recovery, escape, consolation*).

[7] Para Petzold (1986: 13), por ejemplo, lo fantástico no puede definirse solo por aspectos como la temática, la forma o la función, sino que es necesario que se produzca un alejamiento consciente del principio de la mímesis, de forma que se reaccione contra el realismo. En esa línea, Rodríguez Pequeño (1995: 141) opone lo fantástico a lo realista y señala que lo fantástico exige «la transgresión de las leyes del mundo real objetivo», y Wolfe (1982: 1-3) sostiene que la principal condición para que se produzca la fantasía es que trate sobre lo imposible.

real y que son físicamente imposibles de acuerdo con nuestra lógica. No obstante, si la visión de Todorov sobre lo fantástico resultaba demasiado restrictiva, esta posición que opone fantasía a realidad peca de lo contrario: es demasiado amplia y, en ocasiones, vaga o ambigua, pues integra bajo el mismo paraguas numerosos (sub)géneros o corrientes literarias en los que se produce un distanciamiento de la realidad: el realismo mágico, lo absurdo, la ciencia ficción, el horror, la literatura gótica o las fábulas serían solo algunos ejemplos de ello.

De nuevo, recurrimos a Lubomír Doležel y su teoría de los mundos de la ficción, pues el autor se propone elaborar una tipología desde la perspectiva de la semántica narrativa. Sin profundizar en la complejidad de esta teoría, cabe mencionar que Doležel (1998: 113) clasifica los mundos narrativos según sus propiedades intensionales y extensionales, y distingue dos tipos de macro-operaciones: la *selección* –que determina qué categorías constituyentes se admiten en el mundo en construcción (uno o varios agentes, acontecimientos físicos o mentales, etc.)– y la *operación formativa*, que otorga a los mundos narrativos una forma con potencial para producir historias, y cuyas modalidades imponen las normas y límites de dichos mundos. Dentro de las limitaciones modales que distingue, interesa particularmente rescatar las *modalidades aléticas*, que establecen las limitaciones de posibilidad, imposibilidad y necesidad (Doležel, 1985: 13-14; 1998: 115-126). Se basa, en definitiva, en la distinción entre natural y sobrenatural, según si las leyes que rigen dichos mundos son (o no) las mismas que las que dominan el mundo real. Distingue, en este sentido, tres tipos de mundos ficcionales:

a) Mundos homogéneos aléticos: enteramente naturales o sobrenaturales.

b) Mundos duales: no homogéneos, que comprenden los dominios naturales y sobrenaturales y establecen distintas relaciones entre ellos.

c) Mundos híbridos: la oposición modal se ve neutralizada, porque se difumina la frontera entre los dominios naturales y sobrenaturales, ya que coexisten y se entrecruzan sin fronteras ni separaciones.

Así pues, de acuerdo con esta taxonomía, el mundo ficcional de Tolkien se correspondería con el primer tipo: un mundo enteramente sobrenatural, físicamente imposible, con leyes diferentes a las del mundo real.

En este sentido, y a propósito de la traducción, cabría preguntarse: ¿la traducción se ve condicionada por el tipo de mundo ficcional?, ¿el grado de posibilidad –o imposibilidad– con respecto al mundo real supone una dificultad añadida de traducción? Sería un error responder categóricamente que sí, si seguimos el razonamiento falaz de que, cuanto más irreal es un texto, más difícil es traducirlo, pues en la traducción intervienen muchos otros condicionantes (estilo, coordenadas socio-temporales, restricciones del género, cultura, variación lingüística o destinatarios, por nombrar solo algunos), aunque sí nos atrevemos a sugerir que distintos mundos ficcionales plantean diferentes retos para la traducción. Así, un mundo ficcional físicamente posible –pongamos, por caso, una novela histórica–, al basarse en el mundo real, presenta a menudo referencias conocidas y requiere una labor de documentación rigurosa para recrear el mundo ficcional con verosimilitud. En el caso de un mundo sobrenatural como el de Tolkien, aunque la tarea de documentación también es importante, el mayor reto reside probablemente en la labor creativa de dar nombre a aquello que solo existe en el mundo narrado, manteniendo la coherencia interna del mundo ficcional; y aquí entran en juego, finalmente, los *irrealia*.

Traducir el mundo ficcional de Tolkien

Para ilustrar la presencia tan relevante que tienen los *irrealia* o particulares ficcionales en la obra de Tolkien, basta con observar su frecuencia de aparición en sus tres obras narrativas principales: *The Hobbit* (1937), *The Lord of the Rings* (1954-1955) y *The Silmarillion* (1977). Al analizar sus obras, es posible identificar 3343 *irrealia* distintos, una cifra abrumadora si se tiene en cuenta que Tolkien construye estas unidades léxicas prestando atención a su etimología, ya sea ficcional o no. Su obra *The Lord of the Rings* es la que contiene un mayor número (2372 *irrealia*), frente a los *solo* 198 de *The Hobbit*. Sin embargo, si tenemos en cuenta la extensión, la densidad de aparición parece mayor en *The Silmarillion*, con 1221 *irrealia* (Moreno Paz, 2019: 348-349)[8].

Todos estos *irrealia* —que adoptan una forma predominantemente nominal, si bien es posible encontrar algunos adjetivos (como *Tookish*) y adverbios (*hobbitlike*)— contribuyen a construir el complejo mundo ficcional de Tolkien: en su mayoría, se trata de topónimos (un 31 %) y antropónimos (un 27 % aproximadamente), pero también pueden encontrarse otros campos semánticos como objetos, razas y pueblos, política y organización social, patologías, naturaleza, música, medidas, lenguas, historia y cronología, atributos o gastronomía (Moreno Paz, 2019: 350-352). No obstante, por lo que respecta a la traducción, resulta más interesante analizar los *irrealia* en la obra de Tolkien según

---

[8] Los datos cuantitativos que aquí se ofrecen se han extraído de un estudio anterior (Moreno Paz, 2019), donde se especifica con más detalle la metodología de análisis y los criterios de identificación de los *irrealia* en la obra de Tolkien.

su origen etimológico, ya que su procedencia lingüística puede influir en la traducción[9]:

	Número de *irrealia*	Porcentaje con respecto al total
Lenguas reales (LR)	1847	55,25 %
Lenguas ficcionales (LF)	990	29,6 %
Origen mixto 1 (LR + LF)	273	8,2 %
Origen desconocido (OD)	216	6,5 %
Origen mixto 2 (LR + OD)	17	0,5 %

Figura 1. Los *irrealia* en la obra de Tolkien según su origen etimológico
(adaptado de Moreno Paz, 2019: 352)

Aunque los *irrealia* procedentes de las lenguas ficcionales creadas por Tolkien ponen de manifiesto el carácter sobrenatural y físicamente imposible del mundo creado por el autor y la importancia que otorga a la lengua, no plantean problemas ni retos particulares para la traducción, puesto que se trata de creaciones *ex nihilo* que, al no tener un significado reconocible en la lengua original (el inglés), no tienen por qué traducirse tampoco en la traducción, como ocurre, por ejemplo, con *irrealia* como *Valinor*, *Galadriel* o *mithril*.

Distinto es el caso, no obstante, de aquellas unidades léxicas procedentes de lenguas reales, y que comprenden más de la mitad de *irrealia* del mundo ficcional (1847, concretamente). Si bien los que tienen un origen distinto de la lengua original de la obra (el inglés) pueden recibir el mismo tratamiento y mantenerse en

---

[9] Dentro de las lenguas reales, se incluyen las siguientes utilizadas por Tolkien para la creación de sus *irrealia*: inglés moderno, inglés antiguo, inglés medio, nórdico antiguo, frisón antiguo, bajo alemán u origen germánico, céltico, galés, francés antiguo, latín, italiano, español y francés. En cuanto a las lenguas ficcionales, se tienen en cuenta aquellas desarrolladas por Tolkien con un grado de compleción variable: *quenya, sindarin, rohirric, khuzdul, pre-númenórean, westron, noldorin, ilkorin, adûnaic, silvan, nandorin, doriathrin, dunlendish, drúadan, black speech, haradrim*.

la traducción (como el nombre *Esmeralda*, del español; o *Fortinbras*, del francés), el problema se plantea con aquellos que proceden del inglés moderno (1540 *irrealia* en total) o que combinan elementos del inglés antiguo con el moderno (33 casos). En estos supuestos, el dilema es evidente, dado que la opción escogida condicionará ineludiblemente la reconstrucción, recepción e interpretación del mundo ficcional: ¿traducir o no traducir?

No es el objetivo de este trabajo juzgar o analizar las traducciones ya llevadas a cabo en distintas lenguas –condicionadas a su vez por las tradiciones y convenciones existentes de traducción en distintas épocas y por determinadas políticas editoriales–, sino tan solo sugerir una reflexión teórica sobre la influencia de la traducción en la recreación (¿o subcreación?) de un mundo ficcional, y concretamente el de Tolkien, que plantea no pocas dificultades desde el punto de vista lingüístico.

Sobre esta cuestión, en realidad, también se pronunció el autor británico en sus cartas, a quien preocupaba profundamente la traducción de su obra. En una carta de 1956 dirigida a sus editores (n.º 188), Allen & Unwin, a propósito de la traducción de *The Lord of the Rings* al neerlandés, Tolkien manifiesta que cualquier autor vivo sentiría una preocupación e interés profundo e inmediato por la traducción de su obra; y que, en el caso de *The Lord of the Rings*, se trata de una tarea formidable que no sabe cómo puede llevarse a cabo sin su ayuda (Carpenter, 2006 248-249). Cuando los editores enviaron una lista de topónimos –adaptados– para que Tolkien aprobara la versión del traductor al neerlandés, Tolkien respondió:

> In principle I object as strongly as possible to the 'translation' of the nomenclature at all. I wonder why a translator should think himself called or entitled to do any such thing. That this is an 'imaginary' world does not give him any right to remodel

it according to his fancy, even if he could in a few months create a new coherent structure which it took me years to work out. (Carpenter, 2006: 249-250)[10]

Para justificar su punto de vista, pone como ejemplo que si hubiera presentado a los *hobbits* como hablantes de italiano, ruso o chino, se habrían mantenido los nombres, del mismo modo que si hubiera identificado *The Shire* abiertamente con alguna región de Inglaterra. De hecho, en una carta posterior, dirigida a la traductora al polaco, Tolkien le aconseja que evite la traducción o alteración de los nombres todo lo que sea posible, ya que debe preservarse el «color local inglés» (Carpenter, 2006: 299).

Sin embargo, al ver que otros traductores (como el de sueco) optaban también por adaptar los nombres y cambiar la nomenclatura, en una carta de 1957 a sus editores (n.º 194), Tolkien se da cuenta de que debería elaborar un glosario o índice que sirviera de orientación a los futuros traductores de su obra para poder influir en las decisiones adoptadas (Carpenter, 2006: 262-264). Este manuscrito, que se fotocopió por sus editores y se envió a los traductores de *The Lord of the Rings*, aparece reeditado por Hammond y Scull (2005) con el título «Nomenclature of *The Lord of the Rings*» en su volumen *The Lord of the Rings: A Reader's Companion*[11].

Además de la exhaustividad del listado que elabora Tolkien y de la indudable utilidad de las aclaraciones etimológicas de muchos términos, una de las cosas que más llama la atención al leer

---

[10] «*En principio*, me opongo firmemente a la «traducción» de la nomenclatura en general. Me pregunto por qué un traductor debería creerse autorizado o con derecho a hacer tal cosa. Que se trate de un mundo «imaginario» no le da ningún derecho a remodelarlo a su antojo, aunque pudiera crear una nueva estructura coherente en unos pocos meses, que a mí me llevó años cuadrar» [traducción propia].
[11] Una versión anterior, no obstante, fue publicada con el título «Guide to the Names in *The Lord of the Rings*» en la colección de ensayos *A Tolkien Compass* (1975).

este texto es su radical cambio de parecer con respecto a las cartas de años previos. Frente a su inicial oposición categórica a que se tradujera o alterara cualquier nombre para preservar el «color local inglés» de su obra, Tolkien pasa a decir que la lengua de la traducción debe sustituir al inglés moderno como equivalente del *westron* o lengua común, de modo que todos los nombres en inglés deben traducirse según su significado. Es decir, que si en un principio Tolkien abogaba por mantener *Bag-End* o *Bilbo Baggins* en cualquier traducción, según este manuscrito posterior habría quedado probablemente satisfecho con *Bolsón Cerrado* o *Bilbo Bolsón*, por poner un ejemplo.

A propósito de ciertos nombres que contienen elementos arcaicos y dialectales y pueden resultar obscuros en cuanto a su significado, Tolkien sugiere que lo deseable es que el traductor tenga conocimiento de la nomenclatura de antropónimos y topónimos prototípica de la lengua de traducción para adaptar el texto en consonancia. Llega, incluso, a proponer adaptaciones morfológicas que faciliten la pronunciación en otras lenguas para nombres como *Took* o *Gamgee*, a pesar de no tener un origen conocido o reconocible (Hammond y Scull, 2005: 751-752).

Desde luego, resulta innegable la utilidad de este documento para la traducción de su obra a otras lenguas, debido a la gran cantidad de información filológica y etimológica que proporciona el autor sobre su nomenclatura, así como por su interés para el estudio de su obra e incluso por la reflexión indirecta que lleva a cabo con respecto a la traducción. Esto no significa, claro está, que tenga un carácter prescriptivo para el traductor, pues hay muchos otros agentes y condicionantes que intervienen en la traducción; y los traductores se deben, al fin y al cabo, al texto propiamente dicho.

No obstante, sí que pone de relieve –indirectamente o no, pues desconocemos si Tolkien estaba al tanto de la reflexión traductológica existente– las dos corrientes de pensamiento o tendencias de traducción que han monopolizado durante siglos el debate sobre cómo traducir de una lengua a otra y, de hecho, Tolkien evoca las consecuencias que tiene cada una de ellas para la recepción de su obra.

Así, en primer lugar, nos encontramos con un Tolkien que, en sus cartas, se muestra reacio a la adaptación de su nomenclatura –y su obra– a otras culturas, y que insiste en que se mantenga el «color local inglés» de su obra. Posteriormente, esta visión sobre la traducción cambiará con la guía para traducir la nomenclatura que Tolkien redacta para orientar a sus futuros traductores, y en la que consiente que todo lo que esté en inglés se adapte a la lengua de la traducción, llegando incluso a proponer que se traduzcan nombres procedentes del inglés antiguo, dialectales u obsoletos –en definitiva, con un significado no reconocible para un lector anglófono corriente, no versado en filología–, o que se naturalicen morfológicamente algunos nombres para facilitar la pronunciación y lectura del receptor de la traducción.

Estas dos posturas casi contradictorias evocan de manera palmaria la dicotomía tradicional entre forma y sentido (traducción literal frente a traducción libre) que, en nuestro entorno occidental al menos, han acaparado la reflexión teórica sobre la traducción desde Cicerón[12]. No obstante, hay que esperar hasta 1813 para que este debate prescriptivo sobre la adecuación de un método u otro se transforme en una opción metodológica, gracias a la conferencia de Friedrich Schleiermacher *Über die*

---

[12] El primer testimonio histórico en Occidente de reflexión teórica sobre la traducción se suele atribuir a Cicerón que, en *De optimo genere oratorum* (46 a. C.), distingue dos formas de traducir: la que se lleva a cabo con criterio de intérprete (= literal) o de orador (= libre); él se decanta por esta última (según Vega, 1994/2004: 23)

verschiedenen Methoden des Übersetzens («Sobre los diferentes méto-
dos de traducir»), en la que el autor plantea lo siguiente:

> Pero, entonces, ¿qué caminos puede emprender el verdadero
> traductor, que quiere aproximar de verdad a estas dos personas
> tan separadas, su escritor original y su propio lector, y facilitar a
> este último, sin obligarlo a salir del círculo de su lengua materna,
> el más exacto y completo entendimiento y goce del primero? A
> mi juicio, sólo hay dos. O bien el traductor deja al escritor lo
> más tranquilo posible y hace que el lector vaya a su encuentro,
> o bien deja lo más tranquilo posible al lector y hace que vaya a
> su encuentro el escritor. (traducción de Valentín García Yebra,
> en Vega, 1994/2004: 251)

Para Schleiermacher, pues, el traductor puede optar por acercar la obra al lector –adaptándola o naturalizándola para hacerla
más semejante a la cultura de la lengua de la traducción–, o bien
preservar el carácter extranjero y propio de la cultura original
todo lo que le sea posible, de forma que el lector de la traducción
se adentre, por así decirlo, en la otra cultura. La analogía con las
dos posturas de Tolkien resulta, creemos, más que evidente.

En Schleiermacher se basa también otro reconocido estudioso
de la traducción, Lawrence Venuti, que, con una perspectiva
más radical, afirma que la naturalización, adaptación o «domes-
ticación» (*domestication*) de una obra supone una reducción etnocéntrica del texto extranjero a los valores culturales de la lengua
de la traducción, así como una apropiación cultural del texto
(Venuti, 2010: 69). Estas afirmaciones recuerdan, en cierto
modo, a esas primeras cartas de Tolkien en las que discutía que
el traductor tuviera derecho a alterar el mundo ficcional a su antojo, y en las que reiteraba la importancia de preservar el «color
local inglés» de su obra. La alternativa ética a este «acto de vio-

lencia», según Venuti, pasaría por utilizar una estrategia extranjerizante (*foreignization*) que desvíe los valores que marcan la diferencia cultural y lingüística para resaltar la otredad del texto original (Venuti, 2008: 15-19). En esta línea podemos situar también al teórico francés Antoine Berman, para el que la traducción que privilegia el sentido a la forma se caracteriza por su etnocentrismo cultural, ya que anexa o adapta lo extranjero a las normas y valores de la cultura receptora, y contribuye así a poner de manifiesto la primacía de una lengua sobre otra (Berman, 1999: 34). Frente a esta traducción etnocéntrica, Berman sostiene que la traducción debe regirse por un propósito ético y reconocer y recibir al «otro» tal y como es.

En el bando opuesto podemos encontrar, también, reconocidos traductológos como Nida y Taber, para quienes la traducción se basa en el principio de búsqueda de un efecto equivalente, de modo que el traductor debe tratar que el texto traducido produzca el mismo efecto en el receptor de la traducción que el que produciría el texto original a sus receptores originales. Los propios autores son conscientes, no obstante, de la dificultad de producir *la misma* respuesta:

> Dynamic equivalence is therefore to be defined in terms of the degree to which the receptors of the message in the receptor language respond to it in substantially the same manner as the receptors in the source language. This response can never be identical, for the cultural and historical settings are too different, but there should be a high degree of equivalence of response, or the translation will have failed to accomplish its purpose. (Nida y Taber, 1969: 24)[13]

---

[13] «Por lo tanto, la equivalencia dinámica se define según el grado en que los receptores del mensaje en la lengua receptora responden a este sustancialmente de la misma manera que los receptores de la lengua origen. Esta respuesta no puede ser nunca idéntica, ya que

A pesar de lo cuestionable que resulta producir un efecto equivalente, por aproximado que sea, en una cultura y lengua distintas, esta postura de traducción –que calaría profundamente en las posteriores teorías funcionalistas de la traducción, de carácter más pragmático–, evoca a su vez el intento de Tolkien de influir en las decisiones de los futuros traductores de su obra con la redacción de un manuscrito en el que trata de exponer cómo «sustituir» una lengua por otra para que la adaptación resulte lo más efectiva posible.

Sin entrar a valorar qué método de traducción podría resultar más apropiado para traducir a Tolkien –pues no es nuestro objetivo dar orientaciones prescriptivas a este respecto, que en todo caso quedarían condicionadas a una época y cultura concretas–, lo que pretendemos, más bien, es incitar a la reflexión sobre las consecuencias e implicaciones de traducir un texto de uno y otro modo.

En español, por ejemplo, las traducciones de Tolkien se han decantado, en líneas generales, por la adaptación y naturalización de la nomenclatura, de modo que el texto resultara más accesible a los lectores y que estos pudieran comprender el significado de los nombres con carga semántica, aunque ello supusiera sacrificar en parte ese color local inglés del que Tolkien había querido imbuir a su obra. Hay que tener en cuenta, no obstante, que estas traducciones, llevadas a cabo entre los años 70 y 80 en España[14], responden a un contexto sociocultural y temporal determinado: se llevan a cabo en una época en la que

---

el contexto cultural e histórico es distinto, pero debería haber un alto grado de equivalencia en la respuesta, o la traducción habrá fallado en el cumplimiento de su propósito» [traducción propia].

[14] Nos referimos, en concreto, a las tres obras mencionadas con anterioridad, publicadas por la editorial Minotauro en España: *El señor de los anillos* (trad. de Luis Domènech y Matilde Horne, 1978), *El hobbit* (trad. de Manuel Figueroa, 1982) y *El Silmarillion* (trad. de Rubén Masera y Luis Domènech, 1984), por orden cronológico de publicación.

la literatura fantástica no goza del mismo estatus que en la actualidad, en la que aún no se habían publicado todas las obras complementarias del *legendarium* de Tolkien (y, por tanto, se tenía mucha menos información sobre su obra y mundo ficcional) y, en general, en un contexto en el que España comenzaba a abrirse al mundo y la globalización era menos evidente que en la actualidad. Por otro lado, el sambenito que acompaña casi ineludiblemente a la literatura fantástica a propósito de su consideración de «paraliteratura» o literatura de consumo pudo contribuir a que se tratara como una obra infantil y juvenil –como ocurre a menudo con las obras de este género– y que, por tanto, se decidiera optar por el uso de una estrategia más naturalizante o adaptadora para facilitar la lectura al público más joven.

Sean cuales fueren las razones que llevaron a los distintos traductores de la obra de Tolkien a decantarse por este método de traducción naturalizante, cabría preguntarse si, hoy por hoy –en un mundo globalizado con el inglés como *lingua franca*, en el que el estatus de la obra de Tolkien ha pasado a rozar incluso la consideración de «clásico» y la literatura fantástica está ampliamente asentada en el mercado editorial–, no sería posible abordar la traducción de la obra de Tolkien con una perspectiva más extranjerizante, que buscara preservar ese color local inglés y acercarnos más profundamente a la cultura británica. Esto pasaría, evidentemente, por recurrir a la no traducción de la nomenclatura –como Tolkien defendía en un principio–, lo que, por otro lado, chocaría con el estatus «canonizado» de las traducciones y nomenclatura existentes, conocidos ya ampliamente en nuestra cultura tras generaciones de lectores de Tolkien y, sin duda alguna, gracias a la adaptación cinematográfica de Peter Jackson entre 2001 y 2003. Pero, si aceptamos que las traducciones caducan —y de ahí que los clásicos se retraduzcan en distintas épocas—, ¿una nueva traducción no podría contribuir acaso a elevar la obra de Tolkien al estatus de clásico?

Conclusiones

A lo largo de este estudio, se han planteado numerosos interrogantes para los que, por su alcance, complejidad o simplemente limitaciones de espacio, no hemos podido abordar con mayor exhaustividad. El propósito de este trabajo, en todo caso, es invitar al lector a la reflexión sobre la complejidad que conlleva la tarea de traducción de un mundo ficcional, en general, y de Tolkien, en particular; así como cuestionar alternativas hipotéticas (¿o mundos posibles?) a ese mundo ficcional traducido al que accede, y que, en el caso de Tolkien, está indiscutiblemente anclado en la cultura inglesa y la motivación filológica del autor.

Para cerrar esta reflexión, e intentar dar respuesta, tal vez, a algunas de las cuestiones planteadas, retomamos el ensayo de Tolkien sobre los cuentos de hadas y su idea de mundo secundario como forma de *subcreación*. Al inicio de este estudio se planteó la cuestión de si la traducción era, a su vez, una forma de subcreación, pues, al traducir, ¿el mundo secundario creado por el autor sigue siendo el mismo o irremediablemente cambia al trasladarlo a otra lengua y cultura? Con esta pregunta entramos sin duda en un terreno de la hermenéutica que supera el alcance de este trabajo, aunque sí podemos aventurarnos a decir que, para recrear la suspensión de la incredulidad y producir la fantasía, el (buen) traductor recrea y reconstruye el mundo ficcional —con los medios lingüísticos que están a su alcance—, de modo que nos permite entrar en ese mundo secundario al que no podríamos acceder de no ser por su labor, debido al carácter textual de estos constructos narrativos, que necesitan de una lengua para existir. Tal vez no es un «subcreador» en el sentido que le atribuye Tolkien al término, pero nos abre la puerta a subcreaciones y mundos posibles narrativos a los que, de otro modo, no podríamos acceder.

Si la fantasía, como decía Tolkien, existe gracias a las palabras, la traducción de un mundo ficcional es una tarea compleja, para la que hace falta, tomando prestadas sus palabras, una especie de «maestría élfica»:

> To make a Secondary World inside which the green sun will be credible, commanding Secondary Belief, will probably require labour and thought and will certainly demand a special skill, a kind of elvish craft. (Tolkien, 1947/2014: 61)[15]

Un trabajo invisible, de maestría élfica, que permite, a quien tiene entre sus manos un libro traducido, olvidar que ese mundo secundario en el que se adentra se creó en otra lengua, para otros lectores, y que le abre las puertas a ese reino de *Faërie*, donde se encuentran las historias de mundos imposibles.

Bibliografía

Berman, A. (1999). *La traduction et la lettre ou l'auberge du lointain*. París, Éditions du Seuil.

Carpenter, H. (1981/2006). *The Letters of J. R. R. Tolkien*. London, HarperCollins.

Carpenter, H (1977/2016). *J. R. R. Tolkien: A Biography*. London, HarperCollins.

Currie, G. (1990). *The nature of fiction*. Cambridge, Cambridge University Press.

Doležel, L. (1979). Extensional and intensional narrative worlds. *Poetics*, 8, 193-211.

Doležel, L. (1985). Pour une typologie des mondes fictionnels. En: Parret, H. y Ruprecht, H. G. *Exigences et perspectives de la sémiotique : Recueil d'hommages pour*

---

[15] «Crear un Mundo Secundario en el que un sol verde sea creíble, que induzca a una Creencia Secundaria, requerirá probablemente esfuerzo y reflexión, y sin duda exigirá una habilidad especial, una especie de maestría élfica» [traducción propia].

Algirdas Julien Greimas. Ámsterdam, John Benjamins Publishing Company, pp. 7-23.

Doležel, L. (1998). *Heterocosmica: Fiction and Possible Worlds*. Baltimore, Maryland, John Hopkins University Press.

Hammond, W. G. y Scull, C. (2005). *The Lord of the Rings: A Reader's Companion*. Boston, Houghton Mifflin Company.

Lamarque, P. (1983). Fiction and reality. En: Lamarque, P. (ed.) *Philosophy and fiction: Essays in literary aesthetics*. Aberdeen, Aberdeen University Press, 52-72.

Lamarque, P. y Olsen, S. H. (1994). *Truth, fiction, and literature: A Philosophical Perspective*. Oxford, Clarendon Press.

Moreno Paz, M. C. (2019). *La traducción de los particulares ficcionales en la literatura fantástica: los irrealia en la obra de J. R. R. Tolkien y su traducción en las versiones en francés y en español*. Tesis doctoral. Córdoba, Universidad de Córdoba.

Nida, E. A. y Taber, C. R. (1969). *The Theory and Practice of Translation*. Leiden, E. J. Brill.

Petzold, D. (1986). Fantasy fiction and related genres. *Modern Fiction Studies*, 32 (1), pp. 11-20.

Rodríguez Pequeño, F. J. (1995). *Ficción y géneros literarios: Los géneros literarios y los fundamentos referenciales de la obra*. Madrid, Ediciones de la Universidad Autónoma de Madrid.

Todorov, T. (1970). *Introduction à la littérature fantastique*. París, Éditions du Seuil.

Tolkien, J. R. R. (1947/2014). *On Fairy-stories. Expanded Edition, with Commentary and Notes*. Edición de V. Flieger y D. A. Anderson. Londres, Harper Collins.

Tolkien, J. R. R. (1955/2007). *The Lord of the Rings*. Reimpresión de la edición de 2004 (50th Anniversary Edition). Londres, HarperCollins.

Vega, M. A. (1994/2004). *Textos clásicos de teoría de la traducción*. Edición ampliada. Madrid, Cátedra.

Venuti, L. (2008). *The Translator's Invisibility*. London, Routledge.

Venuti, L. (2010). Translation as cultural politics: Regimes of domestication in English. En: Baker, M. (ed) *Critical Readings in Translation Studies*. London, Routledge, pp. 65-79.

Wolfe, G. K. (1982). The Encounter with Fantasy. En: Schlobin, R. C. *The Aesthetics of Fantasy Literature and Art*. Notre Dame (Indiana), University of Notre Dame Press, pp. 1-15.

«Y AUN LOS DRAGONES TIENEN SU FINAL»: ORÍGENES E INFLUENCIAS DEL SMAUG TOLKIENIANO

Cristina Mourón Figueroa

Introducción

Cualquier serie, novela, película, videojuego adscrito al denominado género fantástico que se precie no puede, en modo alguno, prescindir de la figura de la fascinante bestia que es el dragón. Véase, en los últimos años, por ejemplo, sagas como las de *Juego de Tronos* (2011-2019) o *Harry Potter* (1997-2007) que incluyen en su repertorio un buen número de animales fantásticos de entre los cuales, y con mucho, sobresale el dragón. Esta peculiaridad no parece ser fruto de la casualidad. Resulta obvio que las reinterpretaciones de la figura del dragón, bestia mítica universal donde las haya, que nos cautivan en estos productos audiovisuales y narrativos, han contraído una gran deuda con los dragones de Tolkien, que, a su vez y como veremos, bebió del dragón sin nombre de *Beowulf*, y, como no, de Fafnir, el dragón por excelencia del imaginario germánico-escandinavo. No en vano, el propio Profesor (1947) sentía una profunda admiración por esta criatura que desempeña un papel preeminente en la narrativa fantástica:

> I desired dragons with a profound desire. Of course, I in my timid body did not wish to have them in the neighborhood … But the world that contained even the imagination of Fafnir was richer and more beautiful, at whatever cost of peril. (19)

Obsérvese, además, que, ya en la cita anterior, Tolkien nos expresa su entusiasmo y preferencia por Fafnir.

Que Tolkien decidiese introducir a los dragones en su obra no debe de cogernos por sorpresa. Todos sabemos que nuestro autor fue catedrático de inglés antiguo en Oxford y que impartió la famosa conferencia titulada *Beowulf: the Monsters and the Critics* el 25 de noviembre de 1936 en la Academia Británica de Londres. *Beowulf* (s. VIII[1]) no sólo constituye la primera obra literaria escrita en lengua inglesa sino que también es un poema épico aliterativo[2] de capital importancia para la historia de la literatura escrita en esta lengua. Así mismo, es la primera obra en inglés en la que, mediante la suma de elementos comunes a la tradición germánico-escandinava, se introduce, de manera inconfundible, a un dragón escupefuego, elemento que, como veremos más adelante, continuó intrínsecamente ligado a los dragones de las leyendas británicas y los tolkienianos y que, incluso hoy en día, sigue a formar parte indisoluble de estas mismas bestias en la ficción, ya sea literaria o audiovisual.

Al mismo tiempo, no es menos cierto que el dragón es, sino el más popular, un animal fantástico indispensable en el folklore británico. La capital importancia y popularidad de esta criatura en cuentos de caballería medievales, y especialmente, en los de la tradición británica parecen tener su origen en la combinación del simbolismo del dragón en la heráldica, que representa la fuerza, y el hecho de que tanto romanos como vikingos e incluso el rey Arturo[3] marcharon bajo su estandarte (Reader's Digest Association, 1973, 126).

El objetivo de este capítulo de libro se centra en analizar los orígenes e influencias que llevaron a Tolkien a la creación de Smaug, protagonista animal indiscutible de *El Hobbit* (1937), y

---

[1] Existe bastante controversia en torno a la fecha de composición de *Beowulf*. La aquí incluida es la propuesta por Fulk (1992), la principal fuente al respecto.

[2] Recurso imprescindible y distintivo de la épica germánica (incluyendo el inglés y el noruego antiguos), la aliteración es una repetición de un mismo sonido; normalmente el de las consonantes iniciales de palabras que conforman una misma secuencia o verso (Baldick, 2004, 6).

[3] El nombre completo de Arturo en inglés es Arthur 'Pendragon' ('*head dragon*', '*chief dragon*': 'jefe-dragón').

en constatar si esta bestia podría considerarse una reinterpretación y/o adaptación del dragón de *Beowulf*, del dragón germánico-escandinavo con Fafnir a la cabeza y de todos aquellos dragones pertenecientes al legendario británico, susceptibles de ser considerados igualmente descendientes de la bestia beowulfiana. Todo ello podría haber influido en el imaginario relativo al dragón de Tolkien con las innovaciones que él mismo consideró como las más pertinentes y adecuadas para su ficción. Con el fin de conseguir este objetivo, realizaremos un análisis comparativo/contrastivo entre Smaug y los dragones anteriormente mencionados.

La elección de Smaug como objeto de este estudio tampoco es casual. Ciertamente, las restricciones de espacio apremian y, por supuesto, un análisis del resto de los dragones del Profesor[4] sería harto interesante y merecedor de una detallada investigación. No obstante, también es cierto que de todos sus dragones, Smaug es, sin duda, la bestia alada a la que nuestro autor concede más espacio narrativo e importancia. Igualmente, seguimos el criterio de Jakobsson (2009, 27-29), quien afirma que, al crear a Smaug, Tolkien, recurrió a las fuentes nórdicas. Para este autor, el resultado no fue otro sino el nacimiento de un dragón más sutil, asombroso y político que el resto de sus dragones.

Antecedentes del dragón tolkieniano: Smaug

La fascinación por el dragón parece remontarse al origen de los tiempos y, por supuesto, podemos considerarla del todo universal. Su presencia en la literatura abarca no ya siglos sino milenios (Maheshwari, s.f.). Hesíodo recoge en *El escudo de Heracles*

---

[4] Tolkien sólo dio nombres a cuatro de sus dragones y a un quinto en su fábula medieval *Egidio, el granjero de Ham* (1949) (Chrysophylax Dives). Los otros cuatro son Glaurung, Ancalagon the Black, Scatha y Smaug.

(s. VII a. C.) la existencia de un temible reptil que «en las sombrías grutas de la tierra, allá en los extremos y confines, guarda manzanas completamente de oro» (Cuenca y Prado, 1990, citado por Boán Francis, 2020, 57). El propio Gandalf en *Hobbit* (Tolkien, 1988) habla de los dragones como leyendas de antaño, leyendas que se pierden en los orígenes del tiempo: «y para comodidad de todos, los dragones están muy lejos (y de ahí que sean legendarios)» (32). Sin embargo, aquí veremos cómo Smaug se transforma en un dragón muy real.

Como ya se ha apuntado, en 1936 Tolkien imparte su famosa conferencia sobre *Beowulf*. Por si no quedaba claro en el título, Tolkien nos dice ya, desde el principio, que su intención es centrarse en hablar de los monstruos del poema, Grendel y el dragón, desde un punto de vista estrictamente alegórico. En este ensayo, Tolkien (2011: 7) introduce una cita de la obra de W. P. Ker *The Dark Ages* publicada en 1904 en la que este autor caracteriza al dragón de *Beowulf* como un «*fire-drake*», es decir, una criatura escupefuego. El propio Tolkien nos asegura que la introducción del dragón en poemas de las características de *Beowulf* no es frecuente. Aun así, el poeta elige este motivo por una razón de peso y Tolkien defiende la centralidad que este otorga al dragón en aras de la mitología y el folklore, puesto que, en su opinión, los dragones ejercen una enorme fascinación sobre los seres humanos (Tolkien, 2011, 4-6). En esto no podemos estar más que de acuerdo, pues dicha afirmación sigue a ser cierta en nuestros días.

Beowulf recoge la leyenda de origen germánico de Sigemund Völsung, uno de los primeros matadragones[5]. No debemos olvidar que este Sigemund es el padre de Sigurd, el azote de Fafnir,

---

[5] La historia de Sigemund y el dragón en *Beowulf* se relata en una de las digresiones -breves historias intercaladas en la trama principal- que nos cuenta el juglar del rey

y matadragones por excelencia. El dragón sin nombre de *Beowulf* podría identificarse con Fafnir y con otros dragones sin nombre de *El cantar de los Nibelungos* o *Edda Poética* (ambas del s. XIII), obras clave de la mitología germánica y/o nórdica, junto con la *Saga völsunga* (s. XIII). En su origen, Fafnir era el hijo del rey enano Hreidmar; tranformado más tarde en una enorme serpiente venenosa por haber matado a su padre para robarle el tesoro. Es precisamente la *Saga völsunga* el texto en el que la leyenda de Fafnir y su némesis Sigurd adquiere más relevancia y cohesión. Aparte de otros aspectos, esta obra influyó en la concepción tolkieniana del dragón cuyo máximo exponente es Smaug, a pesar de que Fafnir, a diferencia del dragón de *Beowulf*, en principio, no posee alas y escupe veneno en vez de fuego (Byock, 2012, 61-64). Tolkien nos habla de su preferencia por Fafnir; sin embargo parece obvio que Smaug procede de la fusión equilibrada de ambas bestias.

De acuerdo con Briggs (1991, 159), el prototipo de dragón más común en el legendario británico es el procedente de la tradición escandinava, precisamente el prototipo representado por Fafnir, que retrata al dragón como un enorme gusano sin alas parecido a una serpiente que, como el dragón de San Jorge, expulsa veneno (y no fuego) por la boca y que se enrosca alrededor de sus víctimas a la manera de una boa constrictor. Así, por ejemplo, el dragón de Wantley tiene alas y los de Kingston y Winlatter Rock arrojan fuego por las fauces, pero ambos no dejan de ser excepciones. Ello no quiere decir que no exista el otro tipo de dragón más cercano al de *Beowulf* y a otros dragones de Tolkien como Smaug: en el cuento de *The Linton Worm* (s. XII)

Hrothgar en los versos 705-748 (Tolkien, 2014, 53-55), en los que el gran héroe germánico mata a un dragón del tipo '*fire-drake*'. Al igual que el segundo dragón del poema y Fafnir, este primer dragón custodia un tesoro, función que también desempeña la bestia tolkieniana.

los dos tipos de morfología de la tradición británica se conjugan perfectamente: la dimensión física de la criatura, en este caso, se debate entre alada y escupefuego y el mero enorme gusano de aliento venenoso del siguiente ejemplo:

> Some said the monster was beginning to grow wings, and others that it shot fire out of its mouth at will, and yet others that its very breath was so venomous that it could kill cattle at distance. (Briggs, 1991, 164)

Resulta importante apuntar aquí que el dragón de *Beowulf* posee ambas capacidades: produce fuego y veneno (Beowulf muere por la mordida venenosa del dragón: «Swiftly did he this perceive, that in his breast within the venom seethed with deadly malice» (Tolkien, 2014, 133, vs. 2281-2283), mientras que Smaug y el resto de los dragones tolkienianos carecen de esta sustancia.

En su forma de serpiente monstruosa, la presencia del dragón en la tradición británica podría remontarse incluso al siglo en el que se compuso *Beowulf*: en la *Crónica de Æthelweard* (versión en latín de la *Anglo-Saxon Chronicle*) del siglo VIII (c. 770 d.C.) se afirma lo siguiente: «Monstrous serpents were seen in the country of the Southern Angles that is called Sussex» (O'Leary, 2013, 150). Así mismo, la leyenda de los *Quantock Dragons* (Briggs, 1991, 169) nos habla de una enorme serpiente que nació de la descomposición de la ingente cantidad de cadáveres de los britanos aniquilados por el ejército dirigido por el general romano, Ostorius (gobernador de Britania: 47-52 d.C.).

En su forma de serpiente alada y escupefuego, los dragones del imaginario británico descienden, sin duda, del dragón de *Beowulf*:

> The dragons who found a place in the folk-tales of Britain were of the same breed as Beowulf's dragon, and like it they were destined to be the adversaries required for bold men to achieve the status of heroes. (Alexander, 2002, 73)

Piénsese, si no, en la leyenda de San Jorge y el dragón, siendo el santo, quizás, uno de los matadragones más populares de todos los tiempos. No obstante, el dragón de San Jorge se acomoda a lo que Briggs (1991) denomina el dragón heráldico (que en esta disciplina representa la fuerza) del folklore británico y que describe de la siguiente manera: «bat's wings, a scaly body and tail, and four legs ending in claws»[6] (159), descripción que tampoco está lejos de la de Smaug, como veremos.

Los dragones de Tolkien: taxonomía y terminología

Después de un período de dos siglos en el que el dragón desapareció del legendario británico, y ya antes que Tolkien, Kenneth Grahame y Edith Nesbit reintrodujeron a esta criatura en sus obras *The Reluctant Dragon* y *The Book of Dragons* publicadas en 1898 y 1899, respectivamente (Berman, 1984, 57). Sin embargo, está claro que Tolkien recogió el testigo llevando al dragón, al que estos autores convierten en protagonista de sus historias para niños, a cotas de popularidad insospechadas a través de la figura de Smaug y su conexión con el dragón de *Beowulf* y con Fafnir. A partir de Tolkien, el dragón ya no será la criatura caprichosa o fácil de abatir de Grahame o Nessbit sino un terrorífico oponente (Rattelif, 2022, 109).

Así pues, Smaug es el mayor de los dragones parlantes, alados y escupefuego de la Tercera Edad. También es el último dragón con nombre de la Tierra Media. Puede influir en la mente de su interlocutor y es de un color rojo-dorado. Custodia un tesoro y tiene su propio matadragón: Bardo.

---

[6] Senter et al. (2016) creen que ya en la Edad Media, los artistas europeos comenzaron a añadir alas y extremidades a esta bestia (69).

Siguiendo la tradición beowulfiana e igualmente de manera indiscriminada, Tolkien utiliza tanto *dragon* como *serpent* para referirse a Smaug, aunque añade *worm* quizás por analogía con la palabra *wyrm* del inglés antiguo (*ormr* en noruego antiguo: serpiente) y con la morfología de la bestia descrita en las fuentes clásicas y escandinavas como parecida a una serpiente/gusano. El hecho de que tanto el autor de *Beowulf* como Tolkien utilicen la palabra *worm* (gusano/serpiente) para referirse a sus dragones (Smaug incluido) conecta directamente, además, con los dragones más comunes en el imaginario británico y con la tradición germánico-escandinava a la hora de representar al dragón como un enorme gusano. A este respecto, Acker (2013) cree que existe una diferencia entre el Fafnir de la *Edda Poética* y el de la *Saga völsunga*. Aunque en ambas, Fafnir es un *ormr*, en la segunda este parece disponer de alas[7] mientras que en la primera nunca se le aplica el término escandinavo *dreki*. Por consiguiente, ambos términos del noruego antiguo podrían remitirnos, respectivamente, a la antigua y nueva morfología de esta criatura (54-55). Así, *ormr* describe a un dragón tipo serpiente escupeveneno y *dreki* a un dragón alado escupefuego.

Es más, la palabra del inglés antiguo *wyrm* (*worm*) se emplea, también, para denominar a la tipología de esta criatura fantástica en la época medieval, conocida como «dragón europeo» o, precisamente, *wyrm*, resultante de la combinación de las serpientes monstruosas de la tradición clásica y germánico-escandinava y el prototipo de dragón descrito en *Beowulf*, basado en su referente Fafnir. Así pues, los dragones de Tolkien, y Smaug en particular, entroncan también con esta tradición medieval sobre la

---

[7] Acker (2013) llega a esta conclusión a partir de la descripción de la zona del cuerpo del dragón en la que Sigurd clava su espada: «then Sigurðr thrust his sword under its left shoulder. Where is the shoulder on a snake?» (54-5).

bestia. Ambas morfologías, además, estaban ya presentes en diversos bestiarios medievales ingleses, como el de Aberdeen (Boán Francis, 2020, 59).

Tolkien no hace más que recoger el testigo del autor de *Beowulf* y del folklore británico[8]. En este sentido, el primero utiliza los términos anglosajones *draka*: dragón, y *wyrm* que Tolkien (2014), en su traducción y comentario del poema traduce indiscriminadamente por *dragon* y *serpent* (no «gusano» en este caso) (54, v. 721, vs. 724-725). Muy probablemente, esta sinonimia de términos fue lo que llevó a nuestro autor a elegir el nombre para su dragón de *Hobbit*, Smaug, procedente del inglés antiguo *smeag* que significa «gusano». *Smaug* es también el pasado del verbo *smugan* que significa «escabullirse por un agujero» (a la manera de lagartos y lagartijas[9]). Así mismo, en las leyendas británicas podemos encontrarnos el uso indistinto de *worm* (gusano), *serpent* (serpiente) y *dragon* (dragón).

Smaug, *Beowulf* y la tradición británica: dimensión física

Procede ahora el análisis de los diversos elementos relacionados con Smaug en la reinterpretación que Tolkien hace de esta criatura fantástica, y que derivan de la caracterización del dragón en *Beowulf*, en la tradición germánico-escandinava y en las leyendas del imaginario británico.

Tolkien ofrece una descripción bastante completa y detallada de la criatura:

---

[8] En *Egidio, el granjero de Ham*, Tolkien reinterpreta leyendas relativas a dragones de Oxfordshire (Unerman, 2002, 96).
[9] De hecho, Gandalf menciona un agujero por el que Smaug no podría haberse escabullido debido a su gran tamaño (Tolkien, 1988, 30).

Allí yacía un enorme dragón aureorrojizo, que dormía profundamente; de las fauces y narices le salía un ronquido, e hilachas de humo, pero los fuegos eran apenas unas brasas llameantes. Debajo del cuerpo y las patas y la larga cola enroscada, y todo alrededor, extendiéndose lejos por los suelos invisibles, había incontables pilas de preciosos objetos, oro labrado y sin labrar, gemas y joyas, y plata que la luz teñía de rojo. Smaug yacía, con las alas plegadas como un inmenso murciélago, medio vuelto de costado, de modo que el hobbit alcanzaba a verle la parte inferior, y el vientre largo y pálido incrustado con gemas y fragmentos de oro de tanto estar acostado en ese lecho valioso. (Tolkien, 1988, 224)

Desconocemos el color de los dragones de *Beowulf*, pero Smaug es de color rojizo-dorado (y así aparece en el filme de Jackson, *La desolación de Smaug* de 2013). Sabemos que es un dragón de enorme tamaño aunque este no esté precisado. Sí el de la bestia beowulfiana. El poeta nos informa de que mide unos 50 pies: "fifty measured feet [15.24 ms] in length he lay at rest" (Tolkien, 2014, 147, vs. 2557-2558). Igualmente, la tradición británica enfatiza la gran envergadura de esta criatura. Nótese, además, que Smaug posee unas alas que recuerdan a las de un enorme murciélago, muy parecidas a las del dragón heráldico y, por tanto, al de San Jorge. En *Beowulf* no hay una descripción tan detallada de las alas y en el folklore británico, como ya explicamos, la bestia alada no es frecuente. Algo común a *Hobbit*, el imaginario británico y *Beowulf* es que el dragón se enrosca alrededor de sus víctimas: "Now was the heart of the coiling beast stirred to come out to fight (Tolkien, 2014, 127, v. 2154)". En las leyendas *The Dragon of Wantley* (Briggs, 1991, 161) y *The Serpent of Handale* (Briggs, 1991, 170), el apéndice del dragón termina en un gran aguijón venenoso, que, sin embargo, está ausente de las bestias de *Beowulf* y *Hobbit*.

El propio Smaug nos ofrece, sin embargo, una descripción de sí mismo mucho más terrorífica: "¡Mi armadura es como diez escudos, mis dientes son espadas, mis garras lanzas, mi cola un rayo, mis alas un huracán, y mi aliento muerte!" (Tolkien, 1988, 236).

Mientras que la descripción de la morfología de la bestia de Tolkien se condensa, como vemos aquí, en un párrafo, el poeta de *Beowulf* da pinceladas sobre la suya mediante, entre otros recursos, el uso de epítetos épicos, de los que se hablará en detalle más adelante. Por ello también sabemos que, al igual que Smaug, el dragón beowulfiano es una criatura alada, que se enrosca y que arroja fuego (Tolkien, 2014): *this wingéd foe* (125, v. 2126), *the coiling beast* (127, v. 2154), *the flaming dragon* (147, v. 2556).

Además de sus atributos físicos a Smaug le adornan otras cualidades, todas ellas tomadas del dragón de *Beowulf* y presentes, en mayor o menor medida, en la tradición británica. Los dragones de *Beowulf* y Smaug son criaturas nocturnas. Sus ataques sólo tienen lugar cuando cae el sol (con excepción del dragón de *Shervage Wood* dicha característica está prácticamente ausente del legendario británico (Briggs, 1991, 162)). Ambos son, además, ancestrales: los personajes se refieren a Smaug en reiteradas ocasiones como "el viejo Smaug" (Tolkien, 1988, 231). El dragón de *Beowulf* había custodiado el tesoro durante 300 años.

En segundo lugar, viven en cavernas en las montañas (Smaug en la Montaña Solitaria, conocida también como Erebor) si bien, en las leyendas británicas, estas se convierten en «colinas» (muchos de los títulos de las leyendas incluyen la palabra *hill*) e incluso en otros parajes: un bosque (*The Gurt Vorm of Shelvage Wood*, *The Long, Long Worm*, *The Longwitton Dragon*; Briggs, 1991, 162-163, 166, 167-168) o una ciénaga (*King Arthur and the Dragon*; Briggs, 1991, 163-164). El dragón, al igual que Smaug, pueden proceder del Norte como el dragón-demonio de *Winlatter Rock* (Briggs, 1991, 170-172).

En tercer lugar, Smaug se alimenta de personas y animales. Así, por ejemplo, se come a los ponis de Bilbo y de los enanos. En esto nos recuerda al dragón de *Shervage Wood* que aterrorizaba a los lugareños y prefería este tipo de equinos a los humanos (Briggs, 1991, 162-163).

Por último, Tolkien utiliza exactamente el mismo recurso que el autor de *Beowulf*: la introducción de la figura del ladrón sin nombre (Bilbo, en este caso) que roba una simple copa del vasto tesoro. Ambos robos despiertan la inconmensurable ira de las dos criaturas; ira y furia que, ciertamente, parecen inmensas y desproporcionadas:

> Therein went some nameless man, creeping in nigh to the pagan treasure; his hand seized a goblet deep, bright with gems. This the dragon did not after in silence bear, albeit he had been cheated in his sleep by thief's cunning. This the people learned, men of the neighbouring folk, that he was wroth indeed. (Tolkien, 2014, 112, vs. 1864-1869)

> El dragón dormía encima, una horrenda amenaza aun ahora. Bilbo tomó un copón de doble asa, de los más pesados que podía cargar, y echó una temerosa mirada hacia arriba. Smaug sacudió un ala, desplegó una garra, y el retumbo de los ronquidos cambió de tono. (Tolkien, 1988, 225)

> ¡Ladrones! ¡Fuego! ¡Muerte! ¡Nada semejante le había ocurrido desde que llegara por primera vez a la Montaña! La ira del dragón era indescriptible. (Tolkien, 1988, 227)

Ambas reacciones evidencian la importancia de los pecados de la avaricia y la ira en las dos bestias (que, además, son pecados capitales y, por tanto, graves) y causan el devastador ataque de las bestias a las ciudades cercanas a sus guaridas: el reino de Beo-wulf y Ciudad del Lago (Esgaroth) en *Hobbit*, que, tras el ataque, son definidas por los dos autores con la palabra *waste* (terreno devastado, desolado); de ahí que el título de la segunda parte de *El Hobbit* de Jackson incluya el término «desolación» (*La desolación de Smaug*). Ni que decir tiene que a los dragones del folklore británico también se los describe como muy fieros y destructivos.

Ambos dragones se presentan como criaturas invencibles, indestructibles (no olvidemos que Naegling, la magnífica espada de Beowulf de nada sirve contra la bestia) y Smaug, en su arrogancia, se jacta de su invencibilidad muchas veces: «¡Ninguna hoja puede penetrarme!» (Tolkien, 1988, 236). Las escamas del cuerpo de los dos dragones les proporcionan una especie de coraza que ningún arma es capaz de perforar: «y aún ninguna flecha estorbaba a Smaug, ni le hacía más daño que una mosca de los pantanos» (Tolkien, 1988, 258). Como vemos, las flechas rebotan en la piel de Smaug igual que aquellas lanzadas por los habitantes de Linton a su dragón: "His [the dragon-slayer's] neighbours ... older neighbours had already tried in vain to kill the worm with arrows and darts" (Briggs, 1991, 165). Esta característica es muy común en los dragones del Norte (Lestón Mayo, 2014, 94) y Smaug es uno de ellos. La tradición británica, por el contrario, no enfatiza la indestructibilidad de la bestia, con excepción de la leyenda del dragón de *Loschy Hill* cuyas heridas infligidas por el matadragones se curan al instante y la mención de que el dragón de Wantley cuenta con una carcasa fuerte y rugosa (Briggs, 1991, 160-161).

Sin embargo, los dragones tienen su talón de Aquiles, como el padre de Bilbo ya le había advertido: «Todo gusano[10] tiene su

---

[10] En este punto, el traductor utiliza la palabra 'gusano' para trasladar el *worm* original de Tolkien.

punto débil', como solía decir mi padre, aunque estoy seguro de que nunca llegó a comprobarlo él mismo" (Tolkien, 1988, 230). Este punto vulnerable se localiza en una zona del pecho: «La flecha negra voló directa desde la cuerda al hueco del pecho izquierdo, donde nacía la pata delantera extendida ahora» (Tolkien, 1988, 230).

Igualmente en *Beowulf*: «He heeded not those jaws; nay, his hand was burned, as valiant he aided now his kinsman, and smote that alien creature fierce a little lower down» (Tolkien, 2014, 133, vs. 2267-2270).

No es muy común que en el imaginario británico se nos hable del punto vulnerable del dragón, aunque sí tenemos una referencia en *The Dragon of Wantley* (Briggs, 1991, 161). No obstante, la zona en cuestión se localiza en el centro de la espalda.

Así muere Smaug, alcanzado en su zona vulnerable por su némesis Bardo y su flecha negra mágica:

> El dragón descendía de nuevo, más bajo que nunca, y cuando se precipitaba sobre Bardo, el vientre blanco resplandeció, con fuegos chispeantes de gemas a la luz de la luna. Pero no en un punto. El gran arco chasqueó. La flecha negra voló directa desde la cuerda al hueco del pecho izquierdo, donde nacía la pata delantera extendida ahora. En ese hueco se hundió la flecha, y allí desapareció, punta, ástil y pluma, tan fiero había sido el tiro. Con un chillido que ensordeció a hombres, derribó árboles y desmenuzó piedras, Smaug saltó disparado en el aire, y se precipitó a tierra desde las alturas. (Tolkien, 1988, 260)

Y así muere el dragón de *Beowulf* después de que Wiglaf, guerrero fiel y valeroso que acompaña a nuestro héroe en su enfrentamiento con la bestia, acierte en su talón de Aquiles con su espada y Beowulf, ya moribundo, lo remate con su daga:

Once more the king himself mastered his senses; drew forth a deadly dagger keen and whetted for the fray, that he wore against his mail; Lord of the windloving folk he ripped up the serpent in the midst. They had slain their foe. (Tolkien, 2014, 133, vs. 2272-2275)

Smaug, *Beowulf* y la tradición británica: dimensión moral y cristianismo

Ya en los bestiarios medievales, el dragón aparece descrito aludiendo a la interconexión de sus características físicas con las morales o simbólicas. Una apariencia terrorífica refleja una maldad innata; por otra parte, creencia muy común en la Edad Media. Es esta una cualidad aplicable al dragón de *Beowulf* y a Smaug. El mal que simbolizan está implícito en el uso de epítetos épicos[11], una de las dos características más sobresalientes del poema junto con la aliteración. Así, en el poema el dragón es (Tolkien, 2014): *The Guardian of the Hoard* (116, v. 1940); *the keeper of the barrow* (116, v. 1941); *fell beast* (116, v. 1942,); *the flaming dragon* (117, v. 1966); *that worker of evil and ruin* (125, v. 2115), *this wingéd foe* (125, v. 2126), *the coiling beast* (127, v. 2154), *the loathly serpent* (147, v. 2555), etc.

En *Hobbit* tenemos también un buen número de epítetos aplicados a Smaug, muchos de ellos utilizados por Bilbo para halagarle y evitar que le mate (Tolkien, 1988): «Smaug el Tremendo» (232), «Smaug, la Más Importante, la Más Grande de las Calamidades» (232), «Smaug el Poderoso» (234), «Smaug el acaudalado invalorable» (235), «Smaug el Terrible» (250), etc.

---

[11] Un epíteto épico, recurso eminentemente utilizado en la poesía épica, es un apelativo que acompaña, normalmente, a un nombre propio y que define una cualidad o atributo de una persona o cosa (Baldick, 2004, 86). Por ejemplo, en *La Ilíada*, Aquiles es 'el de los pies ligeros'.

Vemos, pues, que Tolkien llega incluso a adaptar un recurso literario propio de la poesía épica clásica (y, germánica, en este caso) para acercar más su criatura a la de *Beowulf*, aunque los apelativos tolkienianos hacen más énfasis en las terribles cualidades morales de Smaug quien entraría así en el grupo de monstruos que para nuestro autor son malignos en mente, cuerpo y espíritu (Abbott, 1990, 55).

No es casualidad que Smaug represente la esencia del mal, cualidad que Tolkien se encarga de recordarnos con frecuencia en *Hobbit*. El propio autor, en su conferencia sobre el poema épico, afirma que

> the monsters become «adversaries of God» [énfasis agregado], and so begin to symbolize (and ultimately to become identified with) the powers of evil, even while they remain, as they do still remain in Beowulf, mortal denizens of the material world, in it and of it. (Tolkien, 2011, 8)

Por tanto, el dragón, que en heráldica normalmente representa la fuerza, como vimos, en el poema simboliza el mal, la destrucción, la muerte y, por ende, el paganismo, la caída y desaparición de un mundo que no tiene cabida en el cristianismo vigente. Así, el dragón de *Beowulf* se convierte en enemigo de Dios y de los hombres y debe ser destruido. La muerte del dragón supone, por tanto, el triunfo del bien sobre el mal, de la Iglesia cristiana sobre el paganismo. Y no podemos olvidar, tampoco, que el autor del poema es un poeta cristiano que, según Tolkien (2011) distingue perfectamente entre paganismo y cristianismo (17). De este modo, El Profesor justifica que las ideas y la dicción anglosajona hayan sido adaptadas al cristianismo por el autor de *Beowulf*.

La representación del dragón como el epítome del mal estaba ya presente en los bestiarios medievales. También en los ingleses, como el de Aberdeen (s. XII) o el de Northumberland (s.

XIII). Estamos de acuerdo con Kordecki (1980) cuando afirma que el dragón se asocia a la seducción satánica en la que intervienen la herejía, el orgullo o la corrupción (170). Uno de los defectos de Smaug es, precisamente, la vanidad. Pero, además, ha matado a personas -incluidos a todos los matadragones que intentaron eliminarlo- y arrasado ciudades. Es también vengativo y avaricioso pues no soporta que nadie le robe ni la más mínima parte de su tesoro, circunstancia que luego se trasladará a Thorin y, por la que, este también debe morir.

La asociación del dragón con el mal viene, además, dada por su similitud con la serpiente, símbolo animal por excelencia de Satán. De ahí que, y como ya se ha apuntado con anterioridad, tanto el poeta de *Beowulf* como Tolkien se refieran a la criatura utilizando, además del término más específico - dragón - , el más genérico de «serpiente». Ahora bien, Smaug, a diferencia de la serpiente de la iconografía cristiana, no encarna a Satán. Para ello, y de acuerdo con Berman (1984), nuestro autor recurre a figuras «humanas» tal y como pueden ser Morgoth o Sauron (56).

Así pues, según Tolkien (2011), Beowulf no debe morir a manos de otro héroe o un guerrero sino a manos de un dragón, hecho que refuerza su gloria y simboliza la muerte de un pasado y un mundo paganos que ceden ante el cristianismo imperante (14). Garbowski (2022) afirma que para la encarnación del mal, Tolkien utiliza monstruos y Smaug es uno de ellos (401). Además, en *Hobbit* la muerte del dragón supone el triunfo del bien sobre el mal. En palabras de Pinsent (2022): «he seeks to portray the perennial Christian struggle between good and evil, with the hope of enrolling his readers on the side of good» (425). Parece posible afirmar, por tanto, que esta bestia tolkieniana presenta, ciertamente, una ligera pátina de cristianismo.

Está claro, además, que el folklore británico también propone un dragón maligno, símbolo de destrucción, muerte y paganismo que, según Briggs (1991), se asocia, no curiosamente a los enormes gusanos de la tradición escandinava, que la autora, más bien, identifica como productos pre-cristianos, sino al prototipo del dragón alado, escupefuego que encontramos tanto en *Beowulf* como en *Hobbit* y que es el que el cristianismo ha identificado en ocasiones con el demonio (159). Así, en la leyenda *Winlatter Rock* el demonio se transforma en dragón y es, cómo no, derrotado por un sacerdote que se pone en cruz ante él (Briggs, 1991, 170-172). Curiosamente, el dragón no muere sino que regresa al Norte. No parece descabellado toda vez que esta afiliación norteña de esta criatura, como ya se ha dicho, está muy presente también en Tolkien y parece proceder de la mitología escandinava. Así, Thorin afirma: «Por aquellos días había muchos dragones en el Norte» (Tolkien, 1988, 33). Si vamos un paso más allá, Smaug podría identificarse con el dragón de la leyenda anteriormente mencionada, lo que vendría a enfatizar su referencia cristiana. Es, precisamente, este dragón-demonio el primero (y quizás el único) de la tradición británica en mostrar un incipiente rasgo de humanización: «the dragon came on setting the whole countryside waste and «rejoicing» [énfasis agregado] in his mischief» (Briggs, 1991, 172) (es decir, se «regodea» en su maldad), sentimiento que Smaug también había experimentado al destruir absolutamente todo lo que le saliese al paso, paisaje incluido.

En el ensayo sobre *Beowulf*, nuestro autor deja claro que el dragón del poema es símbolo del mal más puro y lo caracteriza como «a personification of malice, greed, destruction (the evil side of heroic life), and of the undiscriminating cruelty of fortune that distinguishes not good or bad (the evil aspect of all life)» (Tolkien, 2011, 7). Parece claro que el Profesor concibió a Smaug de la misma manera. No sólo simboliza el mal por el mal sino que, a diferencia del dragón de *Beowulf*, puede hablar y es inteligente.

Otra característica que refuerza su maldad es la facultad que posee para hechizar a sus interlocutores. Smaug puede obligarte a hablar por lo que es preciso tener cuidado en no dejarse envolver por su hipnótica charla[12] o puedes acabar bajo su influencia como le sucede a Bilbo:

> Cada vez que el ojo errante de Smaug, que lo buscaba en las sombras, relampagueaba atravesándolo, se estremecía de pies a cabeza, y sentía el inexplicable deseo de echar a correr y mostrarse tal cual era, y decir toda la verdad a Smaug. En realidad corría el grave peligro de caer bajo el hechizo del dragón. (Tolkien, 1988, 234)

Esta capacidad de fascinación con la que Tolkien adorna a Smaug estaba ya presente en la leyenda *The Serpent of Handale* en la que la criatura engaña a jóvenes para comérselas (Briggs, 1991, 170).

Tolkien da un paso más y recurre al dragón más famoso de la mitología germánico-escandinava, Fafnir, para añadir humanidad a su bestia y dotarle de la facultad del habla. Y esto puede ser debido a dos razones fundamentales:

En primer lugar, en su origen, Fafnir fue un enano que se convirtió en dragón parlante tras asesinar a su padre por codicia.

En segundo lugar, de la siguiente cita de Tolkien podría desprenderse su preferencia por Fafnir más que por el dragón de *Beowulf* para la construcción de Smaug: «Fafnir in the late Norse versions of the Sigurd-story is better; and Smaug and his conversation obviously is in debt there» (*Letters*, 122; Carpenter,

---

[12] En el original, Tolkien (2011) se refiere a estas habilidades como *dragon-spell* o *dragon-talk* (359-60).

2000, 157), aunque no es menos cierto que El Profesor basó a su Smaug ampliamente en la bestia de *Beowulf*. En este punto, podemos concluir que la reinterpretación del dragón que Tolkien hace en *Hobbit* posee la base de la caracterización del animal en *Beowulf*, pero nuestro autor innova mediante la humanización de Smaug a partir del paralelismo con el dragón Fafnir en lo que se refiere a su previa condición humana.

Conclusiones

Después de lo expuesto, parece no haber duda en que el Smaug tolkieniano podría considerarse una reinterpretación y/o adaptación del dragón de *Beowulf*, del germánico-escandinavo Fafnir y de todos aquellos dragones pertenecientes al legendario británico, susceptibles de ser considerados igualmente descendientes de la bestia de *Beowulf* que bien habría podido influir, así mismo, en las descripciones de este animal fabuloso que encontramos en los bestiarios medievales. No obstante, no olvidemos que la presencia del dragón en la tradición británica podría remontarse al siglo en el que *Beowulf* fue compuesto o incluso a un tiempo anterior.

Al igual que el poeta beowulfiano, Tolkien utiliza indistintamente términos como gusano (*worm, wyrm*), serpiente y dragón para referirse al monstruo. Así pues, sus dragones entroncan con la tradición medieval de la bestia a la que se conoce como «dragón europeo» o *wyrm*, criatura que aglutina a las serpientes monstruosas de la tradición clásica y escandinava y al prototipo de dragón descrito en *Beowulf*, basado en su referente germánico-escandinavo Fafnir.

Smaug, en particular, procede de la reinterpretación tolkieniana del dragón de *Beowulf*, remite, además, al mito germánico-escandinavo y obvia la tradición británica en lo que se refiere al dragón como gran gusano sin alas.

Los paralelismos no sólo en cuanto a descripción física y habilidades sino también en cuanto a simbolismo entre el dragón del poema y la criatura que habita en la Montaña Solitaria, como hemos visto, son más que obvios. La ira desmesurada y la avaricia sin control convierten a estas criaturas en símbolos del mal; mal que, además, queda magistralmente plasmado en la interrelación de las características físicas y morales de ambos dragones evidenciadas en los epítetos con los que se les describe y apostrofa: un recurso literario de primer orden en la poesía épica que Tolkien adapta y reinventa en *Hobbit*. La maldad innata del dragón nos lleva a su simbología cristiana en la obra de El Profesor, quien ya nos había convencido en su conferencia de 1936 de que la muerte del dragón beowulfiano representa la desaparición del paganismo ante la expansión imparable del cristianismo. Añadamos, aquí, el legendario de la tradición británica en el que el dragón es el mal por excelencia y ya tenemos la justificación completa.

Dichos paralelismos no nos deben sorprender: la admiración de Tolkien tanto por la habilidad compositiva del autor de *Beowulf* como por la bestia creada quedaron maravillosamente plasmadas en su ensayo sobre el poema.

Ahora bien, la reinterpretación de Tolkien encarnada por Smaug presenta ciertas innovaciones con respecto a la criatura de *Beowulf* que, sin duda, consideró como las más pertinentes y adecuadas para su ficción; la principal y la más obvia, la «humanización» de la bestia que, como ya hemos apuntado, podría tener sus raíces en el Fafnir germánico-escandinavo, un enano convertido en dragón por sus muchos pecados; entre ellos, el asesinato de su padre, fruto de la gran avaricia que siente por su tesoro.

Los elementos que rodean al dragón en *Hobbit* siguen a formar, hoy en día, parte indisoluble de estas mismas bestias en la ficción, ya sea literaria o audiovisual. Resulta innegable la indispensable contribución de Tolkien al imaginario de esta bestia ancestral y al imaginario de dragones como los que aparecen en *Juego de Tronos* y *Harry Potter*, amén del Smaug de la película de Jackson y de la película *Beowulf* (2007), adaptación del poema épico dirigida por Robert Zemekis.

Aunque los enanos celebren la muerte de Smaug: «¡El Gusano Terrible ha caído y ha muerto» (Tolkien, 1988, 274) y Bilbo proclame el final de este tipo de monstruos: «¡Así llega la nieve tras el fuego, y aun los dragones tienen su final!» (Tolkien, 1988, 306), la fascinación que el ser humano llega a sentir por esta criatura alada no puede ser sino eterna.

Bibliografía

Abbott, J. (1990). Tolkien's Monsters: Concept and Function in The Lord of the Rings. Part III (Sauron). *Mythlore, 16*, (3), 51-59.

Acker, P. & Larrington, C. (Eds.). (2013). *Revisiting the Poetic Edda: Essays on Old Norse Heroic Legend.* Taylor & Francis Group.

Baldick, C. (2004). *The Concise Oxford Dictionary of Literary Terms.* Oxford University Press.

Berman, R. (1984). Dragons for Tolkien and Lewis. *Mythlore, 11*, (1), 53-58.

Boán Francis. I. (2020). *El bestiario rowlingiano en la saga Harry Potter: Fuentes literarias y mitológicas.* [Tesis doctoral, Universidade de Santiago de Compostela]. Repositorio institucional Minerva https://minerva.usc.es/xmlui/handle/10347/23488.

Briggs, K.M. (Ed). (1991). *A Dictionary of British Folk-tales in the English Language.* Routledge.

Byock, J. L. (2012). *The Saga of the Volsungs: the Norse Epic of Sigurd the Dragon Slayer.* University of California Press.

Carpenter, H. (Ed.). 2000. *The Letters of J.R.R. Tolkien.* William Morrow.

Fulk, R.D. (1992). *A History of Old English Metre.* University of Pennsylvania Press.

Garbowski, C. (2022). Evil. En Stuart, D. L. (Ed.). *A Companion to J.R.R. Tolkien* (pp. 399-409). Wiley Blackwell.

Kordecki, L. C. (1980). *Traditions and Developments of the Medieval English Dragon.* University of Toronto.

Lestón Mayo, A. (2014). *Tracing the Dragon: A Study of the Origin and Evolution of the Dragon Myth in the History and Literature of the British Isles.* [Tesis doctoral. Universidade de Santiago de Compostela]. Repositorio institucional Minerva https://minerva.usc.es/xmlui/handle/10347/11730.

Maheshwari, V. (s.f.). *Monsters and Fabulous Beasts of Ancient and Medieval Times.* https://www.academia.edu/29849462/Monsters_and_Fabulous_Beasts_of_Ancient_and_Medieval_Times

Marc, Alexander. (2002). *A Companion to the Folklore, Myths and Customs of Britain.* Sutton.

O'Leary, M. (2013). *Sussex Folk Tales.* The History Press.

Pinsent, P. (2022). Religion: An Implicit Catholicism. En Stuart, D. L. (Ed.). *A Companion to J.R.R. Tolkien* (pp. 424-436). Wiley Blackwell.

Rattelif, J.D. (2022). The Hobbit: A Turning Point. En Stuart, D. L. (Ed.). *A Companion to J.R.R. Tolkien* (pp. 104-115). Wiley Blackwell.

Reader's Digest Association. (1973). *Folklore, Myths and Legends of Britain.* Autoedición.

Senter et al. (2016). Snake to Monster: Conrad Gessner's Schlangenbuch and the Evolution of the Dragon in the Literature of Natural History. *Journal of Folklore Research, 53*, (1), 67-124.

Tolkien, J.R.R. (2010). *On Fairy Stories.* https://coolcalvary.files.wordpress.com/2018/10/on-fairy-stories1.pdf.

Tolkien, J.R.R. (1988). *El Hobbit.* Minotauro.

Tolkien, J.R.R. (2011). *Beowulf: the Monsters and the Critics.* https://jenniferjsnow.files.wordpress.com/2011/01/11790039-jrr-tolkien-beowulf-the-monsters-and-the-critics.pdf.

Tolkien, J.R.R. (2014). *Beowulf. A Translation and Commentary.* Harper Collins.

Unerman, S. (2002). Dragons in Twentieth-Century Fiction. *Folklore, 113*, (1), 94-101.

DECONSTRUYENDO EL MITO DEL TOLKIEN MISÓGINO.

LOS PERSONAJES FEMENINOS DEL LIBRO VS. SUS ADAPTACIONES CINEMATOGRÁFICAS: GALADRIEL

Ana María Mariño Arias

Introducción

La obra de Tolkien ha sido objeto de muchos prejuicios y críticas prácticamente desde su publicación hasta nuestros días. Una de las acusaciones, tan frecuente como injusta, es la de que se trata de una obra de marcado corte misógino. La obra de Tolkien, en particular, y la literatura fantástica y de ciencia ficción en general han sido duramente criticadas desde la óptica feminista:

> Still, the roles that female characters played were extremely limited both in science fiction and in fantasy. In science fiction, women were wives, girlfriends, scientists' daughters, or rewards for heroic deeds performed. In fantasy, they were goddesses, witches, fairies, or devil-women. In neither genre did female characters have any psychological other than the stereotypes in which they were cast. (Cioffi, 1984, 85)

Con Tolkien, Marion Zimmer Bradley es especialmente crítica: «Tolkien did not put any women in his books except the motherly elf-queen Galadriel and the ambitious Éowyn who had to learn not to wish to be a hero (though she was given her chance at battle, thank goodness!)» (1985, 38). Y Stimpson considera que sus personajes femeninos son «hackneyed…stereotypes…either beautiful and distant, simply distant, or simply simple»[1] (Drout, 2013, 712). La acusación parte principalmente

---

[1] Laura Michel recoge otras críticas en la misma línea (2006, 65-67).

del hecho de que la mayoría de personajes son solteros o huérfanos e incluso un pueblo entero, los ents, cuentan que han perdido a sus mujeres.

Sin embargo, este rasgo bien podría responder a una cuestión biográfica o literaria, más que a un intento deliberado de minimizar la presencia femenina en su obra. J.R.R. Tolkien y su hermano Hilary se quedaron huérfanos a muy temprana edad y quedaron a cargo de un sacerdote, que terminó siendo la figura más importante en su vida. Tuvo tres hijos y solo una hija y la inmensa mayoría de sus colegas y alumnos eran hombres. En su ambiente predominaban las figuras masculinas (Carpenter, 2002).[2]

Cabe destacar, como señala ya Carretero, que «si bien es cierto que el número de personajes femeninos en *The Lord of the Rings* es decididamente insignificante si lo comparamos con el número de personajes masculinos, esto no implica que las mujeres no jueguen un papel importante» (Carretero, 2006, 105-116), ya que son varios los que tienen papeles fundamentales, como podemos apreciar en el caso de Lúthien o Idril en *El Silmarillion.*[3]

---

[2] Leyendo la obra de Tolkien, incluidas sus cartas , queda claro que era un hombre de valores tradicionales, lo cual no quiere decir que fuera misógino, sino simplemente un hombre producto de su tiempo. Benvenuto (2006: 33-35) hace un magnífico resumen de la manifiesta contradicción entre las opiniones sobre las mujeres conservadas en las cartas publicadas, muy influidas por la educación victoriana de la época y seleccionadas por otros después de su muerte, y su comportamiento con las féminas con las que tuvo relación: su esposa con la que protagonizó una historia de amor que le sirvió de inspiración literaria, su hija Priscila y, a pesar de lo expresado en las cartas sobre no creer en la amistad entre hombres y mujeres, sus amigas como Simone d'Ardenne, la profesora Helen McMillan Buckhurst, Elaine Grifiths, Stella Mills, Mary Salu y su secretaria Joy Hill. También tuvo numerosas alumnas a las que alentó. El mejor ejemplo de ello fue Mary Renault, cuyos libros afirma estar absorto en su lectura en la carta 294, a la que animó a no emplear un seudónimo masculino para publicar, y cuya obra muestra abiertamente representaciones literarias de homosexualidad masculina y femenina, en una época en la que acababa de desaparecer la censura de este tipo de temática. Por poner un último ejemplo de la falta de prejuicios misóginos, Tolkien aprobó la adaptación teatral de Patricia Gray de El Hobbit en 1968 donde en lugar del rey de los elfos, hay una reina (Michel, 2006, 61).

[3] Lúthien o Idril del *Silmarillion*, ambas son elfas y esposas de mortales. No solo tienen papeles importantes y están descritas como bellas damas sino que, además, demuestran gran ingenio e inventiva y son piezas clave en los relatos en que se insertan. Lúthien logra

Citando a McNew, «three things are clear: he was far from being a misogynist, the female characters in his masterpiece *collectively* represent all that's great that being a woman, and less representation does not equal less importance» (2003, 115).

En la obra de Tolkien, al igual que en la épica, la materia artúrica o los libros de caballerías, las historias se centran más en la aventura de los héroes que en su relación con las damas. Pues bien, en los libros de caballerías, perfectamente aplicable a la Tierra Media, no se concibe la esencia del caballero sin la presencia femenina[4]. Todas las que aparecen lo hacen con una gran importancia para el desarrollo de la trama y suponen una representación perfecta de arquetipos consagrados en la literatura artúrica y caballeresca: Arwen como la dama, Galadriel como maga benéfica y Éowyn como doncella guerrera.

Por añadidura, la antagonista femenina, hechicera diabólica o gigantesca, personaje recurrente de las caballerías, la mitología clásica o incluso los cuentos de hadas, no aparece. Todas las mujeres mencionadas van a estar siempre vinculadas al bando del Bien[5], con la posible excepción de considerar a Ella-Laraña

---

huir de la vigilancia impuesta por su padre, rescatar a Beren, colabora decisivamente en la recuperación del Silmaril de la corona de Morgoth y convence a Mandos de que le permita a Beren regresar de entre los muertos. Idril tiene el don de la clarividencia mayor de su pueblo y sus acertados consejos son seguidos al pie de la letra por Tuor. Además logra defenderse con uñas y dientes y salvar a su hijo de Maeglin durante el asalto de las huestes de Melkor a Gondolin.

[4] Keneth MacLeish considera que la ausencia de sexo hace que sea difícil considerar El Señor de los Anillos algo más que un simple cuento, pero, como bien aduce Patrick Curry (2005, 81-82), es completamente ridículo y lo compara con otras novelas en las que tampoco aparece como Moby Dick. Zimmer Bradley (1970, 83), en cambio, ve más que una amistad en la relación entre Sam y Frodo.

[5] Si bien ciertos críticos feministas utilizan también este argumento de la falta de representación de maldad femenina como una prueba más de la falta de comprensión de Tolkien de las mujeres y su plasmación como arquetipos perfectos e inalcanzables, cosa fácilmente desmontable con solo echar un vistazo a personajes como Morwen, la madre de Turin, o Erendis.

como personaje y no como monstruo[6]. El propio Tolkien hace referencia a este hecho en la carta 43, en la que explica a su hijo Michael sus opiniones sobre amor y matrimonio. En ella, entre otras cosas, señala que la literatura ha sido hasta la novela moderna un asunto en general masculino y que en ella se trata abundantemente de la «bella y falsa», cosa que considera una calumnia, puesto que las mujeres, como seres humanos, son capaces de perfidia, pero menos que los hombres (Carpenter 2000, 48-54).

La adaptación cinematográfica[7]

La versión cinematográfica a la que nos referimos, en primer lugar, de *The Lord of the Rings* es la realizada por el director Peter Jackson, Phillipa Boyens y Fran Walsh,[8] hecha, según ellos, tratando de mantener la fidelidad del mensaje esencial del libro más que la letra del texto. El designio creativo del autor afecta a la construcción de la obra de manera esencial, lo determina que la adaptación cinematográfica haya dado lugar a una nueva interpretación del original, autónoma, que genera una experiencia estética totalmente diferente.

---

[6] Como bien señala Laura Michel (2006, 67): «Shelob is female for biological reasons». La interpretación freudiana de Patridge (1984,191) del enfrentamiento entre Sam y Ella-Laraña difícilmente puede ser tomada en serio. Y la explicación de que a Tolkien le desagradaban las arañas, dada la cantidad de ellas que aparecen en su obra, pese a lo dicho en la carta 163 a W.H. Auden (Carpenter, 2000, 217), me parece más convincente que la de ver a este monstruo como «an expresion of hostility to the femenine» de Stimpson (1969, 19). Otros han visto en Ella la cara opuesta de Galadriel, la idealización contra la monstruosidad (Fenwick, 1996, 23) (Donovan, 2003, 112-121).

[7] El elemento más importante a tener en cuenta al comparar una adaptación con la novela original es que se trata de diferentes medios. Sin embargo, tanto las novelas como el cine tienen una cosa en común: la capacidad de narración. Ambos describen una narrativa en la que se desarrollan temporalmente una serie de eventos, conectados entre sí, en los que un conjunto de personajes aparece e influencia y se deja influenciar por el curso de los acontecimientos pero la gran diferencia entre novela y film es que tienen lenguajes diferentes, la novela es lingüística, conceptual y discursiva, mientras que la película es primariamente visual y perceptual.

[8] Existe una película anterior, la de Ralph Bakshi de 1977.

Con todo y con eso, y a pesar del cuidado que se puso en los detalles y la recreación de la Tierra Media, las adaptaciones literarias en la gran pantalla siempre alteran la percepción de los personajes y el argumento. Es evidente que es imposible trasladar determinadas características del mundo creado por Tolkien, a causa de las limitaciones esenciales del lenguaje cinematográfico. El propio Jackson reconocía: «A veces me siento frustrado porque hay algo del espíritu de Tolkien que no hemos atrapado. No son las películas perfectas que yo tenía en mente»[9]. Por su parte, Christopher Tolkien calificó las creaciones de Jackson como una evisceración de la obra de su padre[10].

Después de considerarlo, se decidió mantener la estructura tripartita que los editores de Tolkien otorgaron a la obra, incluso con la misma denominación. Pero, a pesar de la prolongada duración, incluso con las versiones extendidas que alargan la historia de 557 a 683 minutos, algunos de los cambios necesariamente han sido la supresión de acontecimientos y personajes o la alteración del orden en que ocurren algunos eventos. De hecho, todos los héroes principales de la historia han resultado inevitablemente empobrecidos, dado que el autor inglés les otorgó una profundidad que impide hablar de personajes secundarios en sentido estricto, y cada uno tiene una labor fundamental, que se desdibuja en la película, al convertir a Frodo en su foco casi exclusivo.

Pero, ese es uno de los factores clave: al adaptar los personajes de una novela a una producción cinematográfica, no todos los

[9] http://members.tripod.com/peter_jackson_online/lotr/articles/20_questions.htm
[10] http://www.worldcrunch.com/culture-society/my-father-039-s-quot-eviscerated-quot-work-son-of-hobbitscribe-j.r.r.-tolkien-finally-speaks-out/hobbit-silmarillion-lord-of-rings/c3s10299/#.UO2swKzcySr
https://fancueva.com/cine-series/christopher-tolkien-asegura-que-peter-jackson-eviscero-al-trabajo-de-su-padre-convirtiendolo-en-una-pelicula-de-accion/

que aparecen en la primera pueden hacerlo en el film. Deben elegirse los necesarios para conducir la historia, dar dimensión al personaje principal, crear subtramas... Debido a esto, en ocasiones se concentra en un solo personaje las funciones que en el libro se dividen en diferentes o se crean nuevos que completen funciones necesarias para el guion. En algunos casos, estas alteraciones no afectan demasiado a la estructura o el mensaje primigenios, como ocurre con la eliminación de todo lo relativo a Tom Bombadil, aunque en otras cuestiones se marca un profundo cambio de interpretación como en Aragorn[11] o Faramir. Y en *The Hobbit*, que también se decide convertir en tres partes, se necesita realizar la operación contraria: añadir personajes y tramas nuevas.

Estos cambios, en relación con los roles de género, se ejemplifica de forma magistral en dos personajes: Rosita Coto en *The Lord of the Rings* y Tauriel en *The Hobbit*. La primera, a pesar de pretender «corregir» fallos con respecto a las funciones de los personajes femeninos de Tolkien para adaptarlos al siglo XXI, a mi modo de ver, consigue el efecto contrario. La coloca de tabernera, supongo que intentando aproximarse al esquema de mujer trabajadora, pero no tiene ni una línea de texto y todas sus intervenciones se reducen a sonreír con cara de tonta y esperar pasivamente a que, al final de la película, el jardinero medio borracho se decida a convertirla en una mujer honesta.

Y sería mejor ni mencionar la innecesaria creación de Tauriel para *The Hobbit* y su principal función narrativa como eje del triángulo amoroso entre Légolas y Kili, con la inclusión en la versión extendida de la patética escena final ante el rey Thranduil. Curiosamente, en las primeras entrevistas, Evangeline Lilly, la actriz que interpretaba al personaje y fan declarada de la obra

---

[11] https://www.sociedadtolkien.org/blog/2021/05/12/la-perversion-cinematografica-de-aragorn/

de Tolkien, afirmaba que se podían encontrar referencias para su personaje en la obra del autor[12] y la define como «absolutamente despiadada, una asesina mortal»[13], muy joven, menos sabia y más apasionada que Légolas o Thranduil. Sin embargo, tras la conversión de dos películas en tres y el consiguiente nuevo rodaje, la historia cambia y afirma que Tauriel aporta un elemento de espíritu femenino, que es humanidad y compasión[14]. A mi modo de entender, el cambio de paradigma es más que evidente y el arquetipo de personaje femenino da un giro completo y bastante contradictorio.

En realidad, ya habían hecho algo parecido cuando optaron por colocar a Arwen en el lugar de Glorfindel, un héroe de la Primera Edad, que parece condenado a ser relegado[15]. En la película de Jackson, se rompe así con el modelo de personaje de la dama de los libros de caballerías y la materia artúrica, cuyas principales funciones son: ser hiperbólicamente bella, entregar regalos y mensajes y esperar, pacientemente, a que el caballero cumpla su función para convertirse en el premio que cierra el hilo argumental con la boda. Esta modificación supone perder también el contraste con el personaje de Eowyn, representación del modelo de la *virgo bellatrix*, la doncella guerrera. Aunque hemos de agradecer que, al menos, finalmente eliminasen las imágenes

---

[12] https://elanillounico.com/noticias/evangeline-lilly-habla-de-el-hobbit-y-de-como-acaba-la-historia-de-tauriel/

[13] https://elanillounico.com/noticias/peliculas/el-hobbit/la-desolacion-de-smaug/evangeline-lilly-dice-que-tauriel-es-absolutamente-despiadada-una-asesina-mortal/

[14] https://elanillounico.com/noticias/peliculas/el-hobbit/la-batalla-de-los-cinco-ejercitos/evangeline-lilly-habla-del-triangulo-amoroso-tauriel-kili-legolas-en-el-hobbit/

[15] Fue uno de los primeros en ser creado, pero que fue perdiendo protagonismo conforme Tolkien iba creando las nuevas versiones que acaban conformando *The Silmarillion* y, en la película de Bakshi, lo sustituye Légolas. En realidad, es un cambio bastante lógico en ambos casos desde el punto de vista de la economía de personajes en el cine, dado su escasa presencia en el relato posterior.

en las que aparecía en la batalla del Abismo de Helm. Sin embargo, eso provoca que se convierta en un elemento completamente accesorio con una única cuestión relevante: la renuncia a su inmortalidad, ya que se suprime también el regalo que le hace a Frodo, en el libro, de su plaza en los barcos que parten hacia Valinor.[16]

Curiosamente, el personaje que respondería mejor al parámetro de un rol femenino más activo y menos «tradicional» que sería Eowyn, en lugar de ser resaltado en la gran pantalla, resulta también empobrecido. El ejemplo más claro de ello es que, en el libro, es el pueblo de Rohan el que la elige como líder y se la nombra como tal mediante una ceremonia de investidura, aunque a ella esto no le satisfaga y decida enrolarse como soldado en el ejército[17], no deja de ser una gran muestra de honor, estima y consideración entre su gente.

---

[16] Algunos críticos han lamentado este papel pasivo jugado por Arwen en la historia del Anillo, sobre todo al compararla con Lúthien, con la que comparte la renuncia a la inmortalidad para unirse a un hombre mortal. Sin embargo, Arwen continúa en Rivendel como parte del plan completo de Tolkien. Arwen desempeña el papel de la mujer que debe permanecer en casa mientras su amante asume los riesgos de la vida en una guerra de la que parece muy improbable que sobreviva. Sirve como muestra de la angustia de observar y esperar, respondiendo al modelo de dama de las caballerías y a una cuestión biográfica. Al igual que Arwen y Aragorn, y antes que ellos Berem y Lúthien, Tolkien y su, entonces novia Edith Bratt, se vieron obligados a separarse por un tiempo, los tres años que faltaban hasta la mayoría de edad del escritor. En este caso, por mandato de su tutor, el padre Francis Morgan, temeroso de que la relación amorosa pusiese en peligro el futuro académico de su protegido. Tras este lapso retomaron su amor, a pesar de que ella se había prometido con otro, y se casaron pronto. Sin embargo, Tolkien se vio obligado a participar en la Primera Guerra Mundial, durante la que perdió a varios amigos y ese sufrimiento de la espera de Edith es el que quiso reflejar en Arwen.

[17] La adopción del nombre Dernhelm es interpretada como una cuestión de género por Irene Sanz Alonso: «Éowyn no sólo se viste de caballero sino que adopta la identidad de uno cuando se hace llamar Dernhelm». (Sanz Alonso, 2010, 459) No obstante, creo que en realidad se trata de uno de los numerosos casos de polinomasia caballeresca que se dan en The Lord of the Rings, especialmente en Aragorn y Gandalf. Y por eso se dice que «Éowyn it was, and Dernhelm also» (RK, 841). Derne significa oculto, secreto y helm yelmo (Christopher Tolkien, 2002, 421). El cambio de nombre obedece a un nuevo paso en la trayectoria vital del personaje, como ocurre con Florinda o Minerva, Caballeros de las Ramas de Oliva y de las Coronas, respectivamente. Las tres deben ocultar por un tiempo

Sí que se mantiene su victoria contra el Rey Brujo, el enemigo más poderoso de los que acuden al campo de batalla y, por tanto, en ambos casos, libro y película, sigue siendo el héroe que alcanza la mayor proeza en combate de la Guerra del Anillo.

No obstante, otro detalle de empobrecimiento innecesario, a mi juicio, es la escena en que cocina un estofado intragable, que Aragorn se ve forzado a fingir que le gusta. Es la única mujer que vemos acompañando al ejército, la sobrina del rey, nada menos, y la ponen a cocinar cuando, al parecer, carece de dotes para ello. El resultado es una escena absurda y superflua, que tampoco resulta divertida, y en la que subyace la idea de que una mujer que sabe combatir y acude al campo de batalla no puede tener las habilidades que se le presuponen a un estereotipo más femenino y cercano al rol tradicional de cuidadora, esposa y madre.

También aparece en la película su romance con Faramir durante su estancia en las Casas de Curación de Gondor, aunque resumido en un par de fotogramas, que eliminan el disfrute de una de las historias de amor más tiernas y realistas de la obra de Tolkien. Este final de Éowyn, como Dama Blanca y dedicada a la sanación, en lugar de a la destrucción y la búsqueda de una muerte gloriosa en batalla, ha dado pie a diversas interpretaciones. Muchos han querido ver en su matrimonio con Faramir y su deseo de abandonar la guerra un castigo por parte de Tolkien. Según esta perspectiva, el autor escarmentaría a Éowyn por su osadía de pretender convertirse en caballero y por ello termina renunciando a su deseo para vivir una vida pacífica como curandera.

Particularmente, me resulta un tanto difícil interpretar como un correctivo el hecho de casarse con un personaje caracterizado tan positivamente, con el que se compenetra a la perfección (en

su condición femenina para cumplir sus deseos y se convierten en caballeros con nuevos nombres simbólicos.

palabras del propio autor[18]), y tras el único proceso de enamoramiento que se detalla, con escenas de gran ternura y delica-
deza, ausentes en las demás parejas que se forman en la obra
(*RK*, 959-965). A mi juicio, Faramir y Éowyn ejemplifican el tradicional «final feliz» de los cuentos de hadas, como Príncipes de
Ithilien[19], especialmente al compararlo con el caso de Arwen. A
la princesa elfa le espera una tragedia de tristeza y soledad como
«premio» por haber cumplido a la perfección con su rol pasivo
de dama del amor cortés.[20]

De hecho, Éowyn sí que comete una transgresión importante,
no por cuestiones de género sino en algo de mayor alcance, dado
que abandona el importante puesto que se le había asignado al
frente del gobierno de Rohan. Impulsivamente, deja a su pueblo
sin un guía en los terribles momentos de guerra que están vi-
viendo, pensando solo en satisfacer sus ansias de gloria en el
combate[21]. Y aun con todo, su «castigo» es sobrevivir a la batalla
tras haber derrotado al Rey Brujo, enamorarse, casarse y vivir
feliz en tiempos de paz.[22] Una imagen más apropiada para cas-
tigar una transgresión del rol de género podría ser que hubiese

---

[18] Tolkien explica de forma magistral la naturaleza de su relación en la carta 244 (Carpenter, 2000, 323-324). También expresa que Faramir es su personaje preferido (nota al pie
de la carta 180 en Carpenter, 2000, 232).

[19] Tolkien añade más tarde que «vivió en una hermosa casa nueva en las Colinas de Emyn
Arnen, cuyos jardines, diseñados por Legolas el elfo, gozaban de gran renombre» (Christopher Tolkien, 2002g, 260).

[20] «But Arwen became as a mortal woman, and yet it was not her lot to die until all that
she had gained was lost (…). She was not yet weary of her days, and thus she tasted the
bitterness of the mortality that she had taken upon her» (Tolkien, *RK* 1062). Sin embargo,
a Lúthien, a la que tanto se parece y con la que comparte destino, se le premia su comportamiento activo con una nueva vida al lado de su amado (*Sil*, 219-220).

[21] De hecho, se le pide lo mismo que a Emeldir «la de corazón viril», esposa de Barahir y
madre de Beren, que quería quedarse con su marido, que se negaba a retirarse en la inva-
sión de Dorthonion, pero que, finalmente, accede a organizar la evacuación de las mujeres y los niños al Bosque de Bréthil en la Primera Edad (*Sil*, 181 y 187).

[22] En un principio, Tolkien planeó que Éowyn se uniera a Aragorn pero cambió de opinión porque este le parecía «demasiado viejo, señorial y estirado» para ella. También consideró la posibilidad de que Éowyn fuera la hermana gemela de Éomund, y que muriese

muerto o huido sin haber realizado ninguna hazaña en el combate. Por tanto, lo que nos encontramos en realidad es que, en contra de quienes argumentan la falta de desarrollo y evolución de los personajes en la obra de Tolkien, hemos sido testigos del cambio en Éowyn a través de las experiencias vitales que compartimos con ella[23].

De hecho, se podría plantear, precisamente la lectura contraria al comparar el final de estos dos personajes, especialmente teniendo en cuenta la última conversación entre Aragorn y Arwen.

«para vengar o salvar a Théoden» y que Aragorn jamás se casara tras su muerte (Christopher Tolkien, 2002i, 513, 523 y 525) y (Christopher Tolkien, 2002j, 294-295 y 409).

[23] Cuando decide adoptar la curación como forma de vida no lo hace porque sea una mujer y no pueda dedicarse a otra cosa, dado que ya ha demostrado, a los demás y a sí misma, lo contrario, sino porque lo decide así voluntariamente tras conocer a Faramir y comprender que la guerra es un medio y no un fin: «I will be a shield maiden no longer, nor vie with the great Riders, nor take joy only in the songs of slaying. I will be a healer, and love all things that grow and are not barren» (*RK*, 965). Citando a Carretero (2006, 111): «El cambio de Éowyn entraña el abandono de un código de honor que Tolkien consideraba anticuado - el ejemplificado por los Jinetes de Rohan - y la necesidad de cambiarlo por uno más sofisticado, el que representan los hombres de Gondor quienes, como Faramir, son consciente de que, si bien la guerra es con demasiada frecuencia el único método de conseguir una paz posterior, siempre es una medida desagradable. La nueva Éowyn abraza este código heroico». Discrepo radicalmente de la opinión de Katherine Hesser que lo interpreta como el restablecimiento del rol de género de la Tierra Media: «reject the existence of working mothers in favor of trophy wives» (citada en Drout, 2013, 169). A mi modo de entender, Tolkien deja muy claro el respeto que se le tenía a Éowyn antes y después de la contienda. En ningún momento se la amonesta o castiga ni por faltar a su deber ni por desobedecer a su rey, más bien al contrario, se la considera una gran heroína: «for her deeds have set her among the queens of great renown» (*RK*, 867). Su cambio de perspectiva coincide con la visión del autor de la guerra, expresado también a través de personajes masculinos, como Faramir, no por sexismo. Son los orcos los que disfrutan con los enfrentamientos y la destrucción. La superación del desánimo provocado por las intrigas de Grima, el contacto con sociedades más evolucionadas que la rohirrim, la visión de la realidad de la lucha, el enamoramiento de Faramir y la desaparición de la influencia de Sauron creo que son peso suficiente para explicar un cambio en su forma de pensar y en la planificación de su nueva vida. Y no una «doma», de hecho creo que Tolkien se anticipa en la burla, precisamente, de ese tipo de conceptos a través de una broma de la propia Éowyn: «And would you have your proud folk said of you: 'There goes a lord who tamed a wild shieldmaiden of the North! Was there no woman of the race of Númenor to choose?'. «I would", said Faramir» (*RK*, 965). También deja muy claro que es ella la que decide libremente casarse y con quién: «¡Faramir, Stewart of Gondor, and Prince of Ithilien, asks that Éowyn Lady of Rohan should be his wife, and she grants it full willing» (*RK*, 977).

Él elige morir antes de comenzar sus años de decadencia, aprovechando que los de su estirpe podían escoger cuándo hacerlo y ella intenta convencerlo de que lo posponga, puesto que solo han transcurrido 120 años desde la boda. Para alguien que había vivido más de 2500, es comprensible que le pareciese corto, tal como ya había previsto su padre. Arwen elige el amor por encima de su familia y su destino y, en un breve lapso de tiempo, lo pierde todo hasta que muere sola y desconsolada en la colina de Cerin Amroth. Incluso en la película deciden cambiar su motivo para permanecer en la Tierra Media, poniendo unas imágenes de Aragorn con un niño. Al parecer, para Hollywood, es más aceptable que una mujer abandone su futuro para ser madre que por estar enamorada de un mortal.

Galadriel: del libro a la pantalla.

Galadriel es la abuela de Arwen y la reina de Lórien. Es la máxima dirigente de su pueblo[24] y uno de los pocos personajes presentes a lo largo de las cuatro Edades. Ha sido objeto de numerosas críticas e interpretaciones a lo largo del tiempo, como su asociación con la Virgen María, en las que no vamos a entrar aquí[25].

---

[24] De Celebrian, hija de Galadriel y Celebron, esposa de Elrond y madre de los gemelos Elladan y Elrohir y de Arwen, apenas tenemos noticias. Al regresar de una visita al reino de sus padres fue apresada y torturada por orcos hasta que sus hijos la rescatan. Elrond logra curarla, pero ya no se sentía feliz en la Tierra Media y parte a Valinor (*RK, Ap. B,* 1087).
[25] El primero fue Robert Murray, nieto del lexicógrafo James Murray y amigo de J. R. R. Tolkien, que leyó la obra antes de que fuera publicada (Carta 142 en Carpenter 2000, 171-173). Muchos otros autores han remarcado desde entonces esta influencia o paralelismo entre ambas figuras, aunque el propio J. R. R. Tolkien confesó que si bien «es verdad que este personaje debe mucho a la enseñanza cristiana y católica acerca de María y de la presentación de su imagen, en realidad Galadriel era una penitente: en su juventud, una conductora en la rebelión contra los Valar, los guardianes angélicos» (Carta 320 en Carpenter 2000, 407). Por su parte Drout (2013, 85-89) recoge en *J. R. R. Tolkien Encyclopedia* numerosos comentarios sobre Galadriel y comparaciones con otros personajes. En su

En la película de Jackson se emplea la voz de la actriz que la interpreta, Kate Blanchet, para el prólogo en el que se hace un resumen de los acontecimientos más relevantes que explican la situación que desembocará en la Guerra del Anillo. Pero, su primera aparición, en libro y pantalla, se produce al recibir en su corte junto a Celeborn a la Compañía del Anillo tras su traumática experiencia en Moria:

> Very tall they were, and the Lady no less than the Lord; and they were grave and beautiful. They were clad wholly in white; and the hair of the Lady was of deep gold, and the hair of the Lord Celeborn was of silver long and bright; but no sign of age was upon them, unless it were in the depths of their eyes; for these were keen as lances in the starlight, and yet profound, the wells of deep memory. (*FR*, 354)

Es Celeborn quien les da la bienvenida mientras ella permanece silenciosa, observándoles, hasta que sale en defensa de la decisión de Gandalf de entrar en Moria y consuela a Gimli el desconfiado enano que, a partir de ese momento, se convierte en su mayor admirador[26]: «Yet more far is the living land of Lórien, and the Lady Galadriel is above all the jewels that lie beneath the earth!» (*FR*, 354).

---

entrada sobre el catolicismo romano, Bradley J. Bilzer asegura que la elfa «es probablemente la representación más evidente de María» y que además contiene elementos de la Dama del Lago.

[26] Tolkien lleva esta extraña relación hasta el punto de que Gimli, amparado en la promesa del don en blanco, solicite un pelo de su melena, algo que escandaliza a los demás. Sin embargo, ella, lejos de molestarse, le entrega *tres* junto con la profecía de un futuro de riquezas que no lo harán codicioso, escapando así a la maldición de los enanos. Este regalo es aún más significativo si tenemos en cuenta uno de los relatos de los Días Antiguos donde Galadriel se niega *tres* veces a darle un cabello a Fëanor (Christopher Tolkien, 2002g, 389). Esta adoración del enano, que llega a retar a Éomer por ella, se verá más tarde recompensada cuando se le permita, excepcionalmente y por mediación de Galadriel, el acceso a Valinor (*TFK, Ap. A*, 1081).

La primera vez que hace gala de sus poderes proféticos es cuando muestra su Espejo[27] a Frodo y Sam. Esta ocasión es aprovechada por Tolkien para normalizar el empleo de la magia en la obra, «for this is what your folk would call magic, I believe; though I do not understand clearly what they mean; and they seem to use the same word of the deceits of the Enemy. But this, if you will, is the magic of Galadriel» (FR, 362), elemento que es ignorado por la película, que se decanta por resaltar los elementos mágicos o sobrenaturales propios de la fantasía. Sin embargo, ignora otras muestras de sus habilidades en esta materia como los mensajes transmitidos por Gandalf y la Compañía Gris a los héroes cuando los encuentran. También se obvia que es ella quien envía a Gwaihir a rescatar a Gandalf tras el enfrentamiento con el Balrog y a los Dúnedain a ayudar a Aragorn.

En el momento de la partida de la Compañía, Celeborn les hace entrega de barcas, provisiones y cuerdas que les ayudarán en su viaje, además de unas capas mágicas tejidas por la Galadriel y sus damas. No obstante, la propia Galadriel les ofrece una serie de regalos extraordinarios después del festín de despedida a cada uno de ellos:

> She turned then to Boromir, and to him she gave a belt of gold; and to Merry and Pippin she gave small silver belts, each with a clasp wrought like a golden flower. To Legolas she gave a bow such us the Galadhrim used, longer and stouter than the bows of Mirkwood. (FR, 375)

Aquí aprovecha la película para darnos una pista de que a Boromir no le queda mucho tiempo o de su naturaleza corruptible, puesto que no se hace mención de ningún regalo. También se

---

[27] El espejo es un atributo femenino y un símbolo de vanidad y un motivo frecuente en las historias caballerescas como muestran Beltrán y Requena (2002).

humaniza más este personaje mediante la conversación que tiene con Aragorn sobre las visiones tentadoras que Galadriel les envía a cada uno durante la recepción, cosa que en el libro se niega a hacer.

Volviendo al tema que nos ocupa, mientras que en la película se despide de Aragorn en Lorien, afirmando que no se volverán a ver, en el libro acude a la boda de su nieta en Gondor y regresa con los hobbits y Gandalf gran parte del camino, hasta las Montañas Nubladas. En los Apéndices nos narran que, después de la caída de la Torre Oscura, Celeborn dirigió el ejército de Lórien, se apoderaron de Dol Guldur y es Galadriel quien derriba los muros y deja las mazmorras al descubierto (*Ap.B*, 1094). Finalmente, abandona la Tierra Media junto con el resto de portadores de los Anillos en el último capítulo de *The Lord of the Rings*, lo que sí aparece al final de la adaptación.

J. R. R. Tolkien creó al personaje mientras escribía *The Lord of the Rings* y posteriormente sería añadido a los textos de *The Silmarillion*. La evolución de su historia es considerada por Christopher Tolkien en *Cuentos inconclusos de Númenor y la Tierra Media* como la más difícil y problemática por tener «graves incoherencias» entre sus distintas versiones. En esta obra se recogen también algunos de los relatos que el autor escribió sobre Galadriel a lo largo de su vida.

Por tanto, para completar el retrato de Galadriel hemos de recurrir a retazos dispersos por varias obras, fundamentalmente *The Silmarillion*, *Los cuentos inconclusos de Númenor y la Tierra Media*, *La Historia de la Tierra Media*, y a la carta 348 a Catherine Findlay en la que Tolkien afirma que Galadriel en su juventud: «She was then of amazon disposition and bound up her hair as a crown when taking part in athletic feats» (Carpenter, 2000, 428). En los *Cuentos*, afirma que fue «la más grande de los Noldor, excepto

Fëanor quizá, aunque era más sabia que él y su sabiduría creció en el curso de sus largos años» (Tolkien, 2017, 293).

Su nombre materno era Nerwen «doncella-hombre», y llegó a ser más alta aún que las mujeres de los Noldor, era fuerte de cuerpo, de mente y de voluntad, digna rival, en los días de su juventud tanto de los maestros de tradición como de los atletas de los Eldar (...) Era orgullosa, fuerte y resuelta, como todos los descendientes de Finwë, salvo Finarfin (...) tenía sueños de tierras lejanas y dominios en los que pudiera mandar sin tutela. Sin embargo, y aún más profundamente vivía en ella el espíritu noble y generoso de los Vanyar, y un temor reverente por los Valar, a quienes no podían olvidar. Desde sus más tempranos años tuvo el maravilloso don de penetrar en la mente de los otros, pero jugaba a todos con piedad y comprensión, y a nadie negaba su buena voluntad, salvo a Fëanor. (Tolkien, 2002g, 389-390)

Nacida en Valinor, estuvo involucrada en la rebelión contra los Valar al regresar, contra la voluntad de éstos, a la Tierra Media y, aunque luchó en defensa de los Teleri, el orgullo le impidió regresar, formando parte del grupo que atravesó Helcaraxë. Se estableció en Beleriand, junto a la reina Maia Melian, de la que aprendió la ciencia y sabiduría de la Tierra Media (*Sil*, 133). Un claro ejemplo de ello es el hechizo de protección sobre su reino que impide la entrada a los enemigos[28], lo vuelve invisible al Ojo de Sauron y hace que el tiempo transcurra de forma diferente que en el exterior. También recibió de Celebrimbor uno de los tres anillos de poder no contaminados por Sauron: Nenya, el Anillo del Agua. Y, más tarde, optó por no aceptar la amnistía de los Valar y permanecer en la Tierra Media como señora de Lórien, junto con Celeborn, al que conoció en Doriath.

---

[28] Fueron atacados tres veces desde Dol Guldur durante la Guerra del Anillo, pero lograron resistir (*RK, Ap. B:* 1092-1094).

En 2463 T. E. con el fin de combatir a Sauron, formó el Concilio Blanco junto a Elrond, Círdan, otros señores de los elfos, y los magos Saruman, Gandalf y Radagast. Y aunque Galadriel propuso a Gandalf como jefe del consejo, Saruman fue el elegido, puesto que él era quien más había estudiado las estrategias de Sauron. En su siguiente reunión (2851) Gandalf instó al consejo a que atacaran la fortaleza de Dol Guldur, donde Sauron se refugiaba bajo la apariencia del Nigromante, pero Saruman se opuso, si bien acaban haciéndolo en 2941 (*RK, Ap. B*, 1087-1089).

Una «versión» de este Concilio es la que aparece en las películas de *The Hobbit*, tan necesitada de ampliar la historia original con cualquier material disponible, donde se nos muestra a Gandalf, supeditado a un prepotente Saruman y dando explicaciones como si fuese un niño al que hubiesen pillado con la mano en el tarro de galletas, mientras que Galadriel se pasea alrededor de ellos haciendo comentarios innecesarios y Elrond actúa como anfitrión. La elfa aparece en una escena posterior en que le pregunta «¿por qué el mediano?» cuando ella tendría la respuesta a esa pregunta incluso antes que el Istar. Ambas apariciones, diseñadas para lucir el magnífico vestuario y la elegancia de la actriz, serían perfectamente suprimibles ya que no aportan nada a la narración ni al desarrollo de los personajes.

Mayor importancia le otorgan al personaje en el asalto a Dol Guldur, donde rescata a Gandalf ella sola, destruyendo al orco que está a punto de dejar manco al mago, con un solo gesto de la mano. Una imagen más acorde con la Galadriel del libro, si exceptuamos el hecho de que un orco cualquiera, por feo que este sea, le esté dando una paliza a un Istar, custodio de uno de los tres anillos de poder, y capaz de enfrentarse y derrotar a un balrog de Morgoth. Tras esto, la imagen de grandeza de Galadriel se ve mermada, de nuevo, al llevar a su rescatado como si fuese una bandeja y asustarse al aparecer los Espectros del Anillo. Estos seres no podrían resultar amenazadores en ningún caso para ningún elfo de Valinor, como se explica en *The Lord of the Rings*, en que Elrond los envía para salir en ayuda de los hobbits.

En otro alarde de patetismo femenino en *The Hobbit*, Galadriel se arrodilla sujetando a Gandalf, recordando la iconografía de la Piedad de Miguel Angel, mientras espera a que los dos representantes masculinos de guerrero y mago hagan su aparición para salvar el día. Incluso Saruman le pregunta si necesita ayuda, por si no ha quedado suficientemente clara su situación de damisela en apuros. Tras esto, Elrond y Saruman destrozan a sus oponentes mientras ella habla con el inconsciente Gandalf, lo despierta con un beso y aparece Radagast para alejarlo del combate. Ahí, inexplicablemente, ella ha perdido el uso de las piernas y se queda tirada en el suelo descalza hasta que se levanta para enfrentarse a Sauron, con aspecto de bruja del pantano y, lo que parece, un frasco de colonia en una mano, guiño al regalo que le hará de la luz de Eärendil a Frodo en *The Lord of the Rings*. Tras la victoria, de nuevo los personajes masculinos han de ocuparse de su bienestar: Saruman decide que Elrond la devuelva a Lorien mientras él se encarga de perseguir al enemigo.

Galadriel en The Lord of the Rings: The Rings of Power[29]

The Lord of the Rings: The Rings of Power es una serie de televisión inspirada en el universo de las obras de J. R. R. Tolkien, y ambientada en la Segunda Edad de la Tierra Media, antes de los acontecimientos de la novela y las películas de la trilogía de *The Lord of the Rings*.

Anunciaban que la serie prometía fidelidad al universo original de su creador, pero también una apuesta por la diversidad[30]. Ambas afirmaciones han resultado ser falsas. El relato se corresponde con lo que recogen los *Apéndices* y *The Silmarillion* pero, al no disponer de los derechos de estas obras, se trata de un *fan-fic* libre[31]. Y, en cuanto a la diversidad, como ejemplo no hay elfos o enanos de raza negra, hay uno de cada: Arondir y Disa, respectivamente. Y con respecto a la paridad de actores y actrices, habrá habido igualdad en la contratación pero no a la representación como se aprecia, por ejemplo, en que todos los hobbits son femeninos con la excepción de dos, hombres de mediana edad, pero hace falta que uno de ellos las acompañe en su «quest» para que no se pierdan.

También, según los *showrunners*, «el espíritu de Tolkien consiste en que pueblos dispares, que no confían los unos en los otros y se ven diferentes, encuentran un terreno común en la amistad y

---

[29] Desarrollada por J.D. Payne y Patrick McKay para el servicio de *streaming* Prime Video Producida por Amazon Studios, en colaboración con Tolkien Estate and Trust, Harper-Collins y New Line Cinema. Contó con la dirección de Juan Antonio Bayona (dos episodios), Wayne Yip (cuatro episodios) y Charlotte Brändström (dos episodios) en su primera temporada y se afirma que es la serie más cara producida hasta el momento.
[30] https://www.zendalibros.com/los-anillos-de-poder-apuesta-por-la-diversidad-con-fi-delidad-a-tolkien/
[31] https://www.xataka.com/cine-y-tv/derechos-senor-anillos-laberinto-afecta-a-que-ani-llos-poder-puede-contar-no

logran grandes cosas. Ese es el espíritu que hemos intentado inculcar en cada coma y punto de la serie»[32]. Por mi parte, no lo he visto así sino más bien todo lo contrario: hay muestras constantes de falta de entendimiento o colaboración entre las razas, con numerosos ejemplos de desprecio de unos hacia otros o de «amigos» que se tratan mal, se utilizan o se mienten sin pensárselo dos veces. De hecho, Sauron es más sincero que Elrond y le muestra bastante más respeto a Galadriel que el resto de los elfos.

Las críticas, aún siendo acalladas o tergiversadas por la plataforma[33], han llevado a que se introduzcan importantes cambios que afectan a la sicología del personaje. Se justifican, en palabras de la actriz que la interpreta, que «estaba teniendo una especie de crisis mental la última vez y por lo tanto estaba bastante más centrada en sí misma. Tras superar eso, ahora está pensando en el mundo que le rodea y está intentando encontrar la felicidad en otras cosas a pesar de la oscuridad.»[34]

Hay una evidente desmitologización de los elfos, que hay quien justifica con que lo perfecto es aburrido[35]. La cuestión es que los elfos de Tolkien están muy lejos de ser ninguna de las dos cosas y sí muestran una dimensión mítica que los hace si no superiores, al menos muy diferentes al resto de los pueblos de la Tierra Media, y no mostrar esto en pantalla, cosa que sí hizo

---

[32] https://as.com/meristation/2022/10/11/noticias/1665483750_655884.html
[33] https://www.xataka.com/streaming/no-sabemos-que-opina-gente-anillos-poder-amazon-esta-controlando-criticas-imdb
https://vandal.elespanol.com/noticia/r21289/brandon-sanderson-cree-que-los-anillos-de-poder-es-una-serie-muy-mediocre
[34] https://www.vidaextra.com/series/estaba-teniendo-especie-crisis-mental-serie-anillos-poder-justifica-personaje-galadriel-adelanta-cambios-que-veremos-ella
https://www.xataka.com/streaming/galadriel-fue-personaje-polemico-anillos-poder-eso-cambiara-segunda-temporada/amp
[35] https://www.religionenlibertad.com/cultura/439543783/estrenan-anillos-de-poder-cuanto-mantiene-tolkien-criticas.html

Peter Jackson, es eliminar uno de los elementos fundamentales que caracterizan el mundo de Tolkien.

Pero, además hay cambios estéticos importantes con respecto a la obra tanto de Jackson como a las descripciones del Profesor, que se ha sugerido que puedan deberse a motivos ideológicos por parte de los creadores de la serie, abiertamente mormones[36], y que parecen un muestrario de imaginería misógina y heteropatriarcal: solo el rey Gil Galad lleva el pelo largo, apenas se ve ninguna otra elfa aparte de Galadriel y, cuando se hace, aparecen portando velos, totalmente despersonalizadas, y realizando tareas serviles como desvestir o recoger la mesa tras la cena.

Centrándonos ya en la (per)versión de Galadriel en la serie, ésta comienza con una escena de su infancia en Valinor en las que es víctima de *bullying* por parte de otros niños elfos, que hunden su barquito, y cómo es consolada por su hermano mayor. Aquí es donde se marca la trayectoria por la que van a llevar su historia: niña-mujer rechazada e incomprendida por sus iguales en busca de la aprobación y protección de un hombre mayor que ella. Y, por supuesto, su principal -única- motivación: la venganza porque Sauron ha matado a su hermanito mayor, al que recuerda portando simbólicamente su daga.

Hemos pasado de la más grande de los Noldor, salvo Feänor, y más sabia que él, a una comandante de exploradores que desoye por completo el sufrimiento de sus tropas, cegada por su «misión personal» que, entre otras acciones absurdas, rompe el hielo a puñetazos. Esto tan solo en el primer episodio y no terminan aquí los sesgos de empobrecimiento. Elrond se refiere a ella como Comandante del Ejército del Norte y guerrera de las

---

[36] Al parecer se están haciendo relecturas de la obra de Tolkien, católico romano declarado, desde la perspectiva mormona: https://mormosofia.wordpress.com/2020/05/31/una-lectura-mormona-de-j-r-r-tolkien-primera-parte/

tierras devastadas, como si se tratase de logros que ha conseguido, volviendo al patrón de empoderamiento basado en el combate y la destrucción, no en la creación, buen gobierno... Cosa que se remarca en la conversación subsiguiente en la que Galadriel le pregunta qué será sin su espada y Elrond le responde que su amiga. Al parecer, su función ha pasado de dirigente de tropas y matadora de trolls a adorno agradable. Muy feminista todo ello, se mire como se mire.

Y aún hay más. Tras esto, Gil Galad la «premia» con el destierro a Valinor para evitar que el mal se extienda, cosa que relacionan con ella, cuyas opiniones y deseos son total y absolutamente ignorados. Lejos del respeto y reverencia hacia Galadriel que se aprecia en todo momento en las películas de Jackson, aquí la muestran como una molestia de la que deben deshacerse para mayor tranquilidad de todos. Posteriormente, también en Númenor consideran que su final comienza con la llegada de ella, si bien, en este caso es cierto, porque es lo que propicia la llegada de Sauron allí y después a Eregion, lo que culmina con la forja de los Anillos.

Sin más opción que embarcarse hacia Valinor, ya en las puertas, casi literalmente, decide que el mejor curso de acción es tirarse por la borda y volver nadando a la Tierra Media. Para sorpresa de nadie, termina agotándose y es cuando entra en escena el galán de la serie: Sauron, que ha de salvarla de nuevo cuando, sin ninguna justificación lógica, decide atarse a un palo de la balsa que se hunde al ser atacados por una bestia marina. Afortunadamente para los náufragos, Elendil pasaba por allí en uno de los barcos de la flota númenóreana y decide llevárselos a la capital.

Allí, al ser presentados en la corte, Galadriel se arrodilla ante la reina Míriel por sugerencia de Sauron, cosa que le recuerdan que no es costumbre en Númenor. Al parecer, desconoce las normas de cortesía del pueblo más relacionado con los elfos de toda la historia de la Tierra Media, e incluso de las más básicas, cuando llega incluso a amenazar a la reina y terminan riéndose de ella. La educación básica y los conceptos de hospitalidad tampoco parecen haber formado parte del programa de formación de la reina Míriel. Termina mandándolos encarcelar por sedición.

No obstante, Galadriel lejos de detenerse a reflexionar, la lista de transgresiones y delitos irá en aumento. Mientras está encerrada, recibe unos interesantes y acertados consejos sobre habilidades sociales por parte de Sauron, que decide ignorar y escaparse, tras dar una paliza a los guardias. Y no contenta con esto, trepa por la torre hasta la habitación del yaciente rey, rompiendo también una ventana en el proceso. Lo más curioso es que después de eso, consigue persuadir a Míriel de que tiene que ir a la Tierra Media y llevarse a Sauron, del que se ha autoconvencido de que es el heredero perdido del reino del Sur.

Mientras se organiza la expedición númenóreana, decide dar lecciones de esgrima a los soldados, con el mismo aire displicente y chulesco que la caracteriza. Por añadidura, deciden que será el jefe el que consigue rozarla en una pelea, porque, al parecer, no se les ocurre una mejor manera de mostrar dotes de liderazgo que romper la manga del vestido de la elfa con actitud de matón de taberna portuaria.

Finalmente, la incursión al continente resulta un absoluto desastre, para nada previsible dada la desinformación de la que partían y las constantes demostraciones de ineptitud estratégica. Elendil culpa personalmente a Galadriel de lo sucedido y ella no puede hacer otra cosa más que mostrarse de acuerdo, y eso que aún sigue sin descubrir la verdadera naturaleza de su acompañante humano, que aparece herido de tal forma que sólo puede salvarlo si lo lleva a Eregion. Según la serie, Galadriel no posee ni su sabiduría, ni su clarividencia, ni sus poderes de ninguna clase, solo el ansia de revancha, hasta el punto de llegar a declarar que no puede parar y que no ve diferencia entre ella y el mal que persigue. Incluso en la conversación con Adar, el elfo oscuro, le explica que va a disfrutar haciendo un genocidio de orcos y cuando él responde que ella también es oscura, lo único que impide que no lo asesine a sangre fría es Sauron.

No es bien recibida cuando regresa a Eregion, cosa que Sauron remarca cuando por fin se revela ante ella. En un parlamento sin desperdicio, se le declara y afirma que mientras los demás dudan de ella, solo él aprecia su grandeza y su luz y que pretende convertirla en su reina. El punto final de la escena lo marca la diferencia de opinión sobre el significado de salvar y gobernar, tras lo que él se marcha. Y aquí es el momento cumbre dentro del espectro moral de Galadriel, que no sólo permite que continúen con la forja de los Anillos, sabiendo quién y porqué ha estado involucrado, sino que les oculta deliberadamente que es Sauron ha estado allí, llevado por ella, además. Carece no solo de sabiduría y clarividencia, dejándose engañar completamente, también le falta el carácter suficiente para asumir sus errores y responder por ellos, sin importarle las consecuencias, potencialmente devastadoras, que su silencio pueda tener. Nada que ver con la Galadriel del *Silmarillion* que parece ser la única en Valinor que no confiaba en Fëanor.

En lugar de Galadriel, podrían haber contado la historia de una comandante elfa del ejército de Gil galad, nacida en Valinor, que se unió a la rebelión de Fëanor, incluso que participase en la matanza de los Teleri, y que, en general, estuviese más cercana a la idea de «tocar la oscuridad para ver la luz» que parece ser tan relevante dentro de la ideología que pretenden trasmitir a través de la serie. No había ninguna necesidad de reconfigurar un personaje tan relevante dentro del *legendarium* de Tolkien, habiendo dejado este tanto espacio para el desarrollo de nuevas historias. Y el intento *fan-service* de acercamiento y «humanización» de la Dama de Lórien de las películas de Jackson en la serie logra, más bien, el efecto contrario al caer en constantes incongruencias tanto argumentales (como la supuesta muerte de Celeborn) como estéticas o ideológicas.

Conclusiones

Tolkien muestra su gran respeto hacia sus personajes femeninos al no buscar convertirlas en hombres, sino que muestra un gran cuidado en individualizarlas y caracterizarlas de forma diferente, con sus propias aspiraciones, sueños y metas. No intenta masculinizarlas porque en ningún momento considera que eso sea superior. Si bien es cierto que suele atribuirles diferentes esferas de influencia, reservando a estas últimas el cuidado del hogar, la conservación, la agricultura y la creación en general, mientras que los hombres suelen ser más nómadas y destacan, sobre todo, en la guerra.

Considerar que, por esta razón, Tolkien sitúa a la mujer en inferioridad es ignorar por completo su ideología profundamente antibelicista y su afán conservacionista. Como señala Donovan (2003, 112-121), su actitud hacia la capacidad destructiva masculina es similar a la de las más recalcitrantes feministas. Son los orcos, y las otras criaturas vinculadas al mal, los que disfrutan con los enfrentamientos y la destrucción.

Por tanto, es significativo que los personajes femeninos, a pesar de participar de manera activa y directa en los conflictos bélicos, destacan más por sus labores en épocas de paz, dedicadas más a la protección que a la destrucción. El mensaje pacifista no solo se emite a través del parlamento de los actantes, sino que se encarna en el comportamiento y evolución de la mayoría de ellos: la guerra es un medio, nunca un fin.

Sin embargo, esa no es la imagen que transmiten los personajes femeninos procedentes de su obra en sus adaptaciones audiovisuales. Por el contrario, hay una clara preferencia por mostrar unos caracteres lo más combativos y belicosos posible. En *The Hobbit* se añade el personaje de Tauriel, a punto estuvo de aparecer Arwen en la batalla del abismo de Helm y visten a Galadriel con una armadura cuando es tentada por el poder del Anillo o en *The Hobbit* cuando muestra su poder.

En la obra de Tolkien, los personajes femeninos, a pesar de ser menos numerosos que los masculinos, muestran la enorme variedad de formas de entender la vida y de encarar distintas situaciones, como en el mundo real. Pero, no son ni pocos ni poco relevantes. Abarcan, además, todo el espectro social, desde los roles más tradicionales o accesorios de madres, esposas, amas de casa, enfermeras... hasta papeles preponderantes y diferentes al «tradicional»: diosas, reinas, guerreras y heroínas, que incluso triunfan donde los masculinos fracasan (Mariño, 2015b).

Y más allá de la configuración de los personajes femeninos, lo que muestra para mí la ausencia de patriarcalismo o misoginia en la obra de Tolkien, que no así sus adaptaciones, es la forma en que sus personajes masculinos se comportan y hablan con y de ellas. Se aprecia respeto, consideración y valoración. Hay varios casos de amonestaciones de unos a otros por hablar mal de Galadriel, alabanzas hacia Eowyn como guerrera, ninguneando el hecho de que no debía estar allí, Arwen y Eowyn deciden libremente con quién casarse, y, en general, hay una gran cantidad de referencias a toma de decisiones con completa libertad en la biografía de prácticamente todas ellas. Es decir, totalmente al contrario que en la serie de Amazon en la que Galadriel es criticada y repudiada por la práctica totalidad del resto del elenco, salvo Sauron.

Sin embargo, en las películas de Jackson salen empobrecidas como se aprecia en el hecho de que el principal rol de Tauriel sea como piedra angular de un triángulo amoroso absurdo o que se muestre a Galadriel desvalida ante un espectro humano, por poner solo dos ejemplos. No obstante, donde salen peor paradas es en la serie *The Rings of Power* donde a Galadriel la han despojado de todo poder o dignidad élficas, convirtiéndola en una paria entre su gente, cegada por el deseo de venganza o la reina Míriel en una inconsciente que se mete en una casa en llamas sin ninguna justificación lógica, quedando ciega en el proceso. Además de crear *ex nihilo* una triada de brujas malignas servidoras de Sauron que queman las carretas de los hobbits y matan a su jefe.

Mi conclusión final es que el incremento de número de actantes femeninas en las adaptaciones audiovisuales o sus cambios de rol sin sentido, no representa más que el cumplimiento de una agenda de tipo político que, mientras no tenga una ideología feminista real detrás, lo único que logra es perpetuar aún más los valores arcaicos heteropatriarcales de nuestra sociedad que, para nada, tienen cabida en la Tierra Media de Tolkien cuyas historias destacan por ejemplifcar valores como el amor, la amistad y el respeto, en este caso por y hacia las mujeres.

Corpus analizado

Jackson, Peter, et al. (2002): *The Lord of the Rings: The fellowship of the Ring*. New Line Home Entertainment.

_____ (2003): *The Lord of the Rings: The Two Towers*. New Line Home Entertainment.

_____ (2004): *The Lord of the Rings: The Return of the King*. New Line Home Entertainment.

Payne, J.D. y Patrick McKay: *The Lord of the Rings: The Rings of Power*. New Line cinema y Amazon estudios.

Tolkien, J.R.R (1990): El *Silmarillion (Sil)*, Barcelona, Círculo de lectores.

_____ (2005): *The Lord of the Rings. The Fellowship of the Ring*, Great Britain: Harper Collins. (*FR*)

_____ (2005): *The Lord of the Rings.The Two Towers*, Great Britain: Harper Collins. (*TT*)

_____ (2005): *The Lord of the Rings.The Return of the King*, Great Britain: Harper Collins. (*RK*)

_____ (2012): *El Hobbit Anotado*, trad. Manuel Figueroa y Rubén Masera, Barcelona: Minotauro. (*TH*)

Bibliografía

Alvar, Carlos (1991): «Mujeres y hadas en la literatura medieval», en *Evolución narrativa e ideológica de la literatura caballeresca*, ed. María Eugenia Lacarra, Bilbao: Universidad del País Vasco, pp. 21-34.

Andrew, D. (1984): *Concepts in Film Theory*. New York: Oxford University Press.

Beltrán, Rafael y Susana Requena (2002): «La declaración de amor a través del espejo: un motivo cortés en textos de caballerías», en *Libros de caballerías (De «Amadís» al «Quijote»). Poética, lectura, representación e identidad*, eds. Eva Belén Carro Carbajal, Laura Puerto Moro y María Sánchez Pérez,Salamanca: Seminario de Estudios Medievales y Renacentistas y Sociedad de Estudios Medievales y Renacentistas, pp. 13-26.

Benvenuto, Maria Rafaella (2006): «Against Stereotype: Éowyn and Lúthien as 20th Century Women», en *Tolkien and Modernity 1*, eds. Frank Weinreich y Thomas Honneger, Zollicofen: Walking Tree Publishers.

Carpenter, Humphrey (1990): *J.R.R. Tolkien, una biografía*, Barcelona: Minotauro.

_____ (2000): *The letters of J.R.R. Tolkien*, New York: Houghton Mifflin Harcourt Publishing Company.

Carretero, Margarita (1997):(2006): «Mujeres de sangre, mujeres de savia: aspectos sociales y biológicos de la construcción de los géneros en The Lord of the Rings», en *De habitaciones propias y otros espacios conquistados. Estudios sobre mujeres y literatura en lengua inglesa en homenaje a Blanca López*, ed. Margarita Carretero, Elena Rodríguez Martín y Gerardo Rodríguez Salas, Granada: Editorial Universidad, pp. 105-116.

Cioffi, Kathleen (1985): «Types of Feminist Fantasy and Science Fiction» en *Woman worldwalkers: new dimensions of science fiction and fantasy*, ed. Jane B. Weedman, Texas: Texas Tech University.

Dawson, Deidre A. (2014): «Perilous and Fair: Women in the Works and Life of J.R.R. Tolkien», en *Journal of Tolkien Research*, 1, ed. Janet Brennan Croft and

Leslie A. Donovan. http://scholar.valpo.edu/cgi/viewcontent.cgi?article=1019&context =journaloftolkienresearch

Day, David (2002): *Enciclopedia ilustrada Tolkien*, trad. José López Jara, Barcelona: Timun más.

_____ (2004): *El mundo de Tolkien: las fuentes mitológicas de El Señor de los Anillos*, trad. Teo Gómez, Barcelona: Océano.

Donovan, Leslie A. (2003): «The Valkyrie Reflex in J.R.R. Tolkien's The Lord of the Rings: Galadriel, Shelob, Éowyn, and Arwen», en *Tolkien the Medievalist*, London and New York: Routledge, pp. 106-132.

Drout, Michael D.C. (ed.)(2013): *J.R.R. Tolkien Encyclopedia. Scholarship and critical Assessment*, New York: Taylor & Francis Group.

Enright, Nancy (2007): «Tolkien's Females and the Defining of Power», *Renascence 59*, 2 pp. 93-108.

Fenwick, Mac (1996): «Breastplates of Silk: Homeric Women in The Lord of the Rings», *Mythlore* 81, pp. 17-23.

Gurpegui, J.A. (2001): «El arte de la adaptación cinematográfica: Dead Man Walking» en *Transvases Culturales: Literatura, Cine y Traducción* 3, eds Pajares et al. (eds.), Guipuzcoa: Servicio Editorial de la Universidad del Pais Vasco, pp. 209-217.

Hinger, Sophie (2014): *Tolkien and the Viking heritage*, Tesis de grado de la Universidad de Viena. Disponible en: http://othes.univie.ac.at/34594/

Hönig, Susanna (2007): «Algunas notas sobre hadas, magas y sabias en las novelas de caballerías», en *De la literatura caballeresca al «Quijote»*, pp. 283-299.

Honneger, Thomas (2004): «From Bag-End to Lórien: the Creation of a Literary World» en *News from the Shire and Beyond-Studies on Tolkien*, eds. Peter Buchs y Thomas Honegger, Zurich: Walking Tree Publishers, pp. 48-67.

_____ (2005): «Tolkien Through the Eyes of a Medievalist» en *Reconsidering Tolkien*, ed. Thomas Honegger, Zurich: Walking Tree Publishers, pp. 45-66.

Hopkins, Lisa (1992): «Female Authority Figures in the Works of Tolkien, C.S. Lewis, and Charles Williams», en *Proceedings of the J.R.R. Tolkien Centenary Conference*, Milton Keynes and Altadena: The Tolkien Society and The Mythopoeic Society, pp. 364-366.

Isaacs, Neil D. y Zimbardo, Rose A. (eds.)(1970): *Tolkien and the critics. Essays on J.R.R. Tolkien's The Lord of the Rings*, Indiana: University of Notre Dame Press.

Mc New C.L. (2003): «Men are from Gondor, Women are from Lothlórien», en *The People's Guide to J.R.R. Tolkien*, eds.The OneRing.net, Cold Spring Harbor: Cold Spring Press, pp. 115-120.

Marín Pina, María Carmen (1989): «Aproximación al tema de la Virgo Bellatrix en los libros de caballerías españoles», *Criticón* 45, pp. 81-94.

_____ (1991): «La mujer y los libros de caballerías. Notas para el estudio de la recepción del género caballeresco«, *Revista de Literatura Medieval*, 3, pp. 129-148.

_____ (2007): «La doncella andante en los libros de caballerías españoles: antecedentes y delimitación del tipo (I)», en *Actas del XI Congreso Internacional de*

la Asociación Hispánica de la Literatura Medieval, eds. Armando López Castro y Luzdivina Cuesta Torre, León: Universidad, 2, pp. 817-826.

_____ (2010): «La doncella andante en los libros de caballerías españoles: la libertad imaginada (II)», *eHumanista*, 16, pp. 221-239. www.ehumanista.ucsb.edu/ivitra/volumes/

Mariño Arias, Ana María (2015a): «Eowyn, la doncella guerrera: precedentes y pervivencias», *JRR Tolkien: el árbol de las historias*, Madrid: Ceu Ediciones, pp. 55-68.

_____ (2015b): «¿Misoginia, patriarcalismo y roles de género en la Tierra Media?» https://www.sociedadtolkien.org/premio-ensayo-aelfwine/

_____ (2021): «La (per)versión cinematográfica de Aragorn», *Estel* 88 https://www.sociedadtolkien.org/blog/2021/05/12/la-perversion-cinematografica-de-aragorn/

Meyer Spacks, Patricia (1970): «Power and meaning in The Lord of the Rings» en *Tolkien and the critics. Essays on J.R.R. Tolkien's The Lord of the Rings*, ed. Neil D. Isaacs y Rose A. Zimbardo, Indiana: University of Notre Dame Press.

Michel, Laura (2006): «Politically Incorrect: Tolkien, Woman and Feminism», en *Tolkien and Modernity*, Suiza: Walking Tree Publishers, pp. 55-76.

Mínguez Arranz, N. (1998): *La novela en el cine. Análisis comparativo de dos discursos narrativos*, Valencia: Ediciones La Mirada.

Ortiz-Hernán Pupareli, Elami (2003): «Hacia una tipología de los personajes femeninos en los libros de caballerías hispánicos (A propósito de la Antología de libros de caballerías castellanos editada por José Manuel Lucía)», *Tirant*: Butlletí informatiu i bibliogràfic 6. Disponible en: http://parnaseo.uv.es/Tirant/Butlleti.6/art.resena.elami.htm

_____ (2005): «El tema de la virgo bellatrix. La caballería femenina en algunos libros de caballerías», en *Textos medievales: recursos, pensamiento e influencia. Trabajos de las IX Jornadas Medievales*, eds. Concepción Company, Aurelio González y Lillian von der Walde, México: El Colegio de México, Universidad Autónoma Metropolitana, Universidad Nacional Autónoma de México, pp. 91-106.

Pardo, Alejandro y Eduardo Segura (eds.)(2012): *El Señor de los Anillos: Del libro a la pantalla*, Vitoria: Portal Editions.

Patridge, Brenda (1984): «No Sex Please- We´re Hobbits: The Construction of Female Sexuality in The Lord of the Rings» en *J.R.R. Tolkien. This Far Land*, ed. Giddings, Robert , London: Vision Press.

Rawls, Melanie (1984): «The Feminine Principle in Tolkien», *Mythlore*, 10.

Romero Tabares, Isabel (2008): «El ideal caballeresco en la épica fantástica: Su rastro en la Tierra Media» en *Amadís de Gaula: quinientos años después. Estudios en homenaje a Juan Manuel Cacho Blecua*, eds. José Manuel Lucía Megías y María Carmen Marín Pina, pp.691-710.

Sales Dasí, Emilio José (2004): *La aventura caballeresca: epopeya y maravillas*, Alcalá de Henares: Centro de Estudios Cervantinos.

Sánchez Noriega, J. L. (2000): *De la literatura al cine. Teoría y análisis de la adaptación*, Barcelona: Paidós.

Sanz Alonso, Irene (2010): «¿Quién mató al rey brujo? Como Dernhelm se quita el casco y Eowyn se reconcilia con su género», en *Ensayos sobre ciencia ficción y literatura fantástica*, Madrid: Asociación cultural Xatafi y Universidad Carlos III, pp. 451-463.

Tolkien, Christopher (1993): *La Historia de la Tierra Media I. El Libro de los Cuentos Perdidos I*, trad. Rubén Masera, Barcelona: Minotauro.

———— (1991): *La Historia de la Tierra Media II. El Libro de los Cuentos Perdidos II*, trad. Teresa Gottlieb, Barcelona: Minotauro.

———— (2002a): *La Historia de la Tierra Media III. Las baladas de Beleriand*, trad. Ramón Ibero, Barcelona: Minotauro.

———— (2002b): *La Historia de la Tierra Media IV. La formación de la Tierra Media*, trad. Elías Sarhan, Barcelona: Minotauro.

———— (2002c): *La Historia de la Tierra Media V. El camino perdido*, trad. Estela Gutiérrez Torres, Barcelona: Minotauro.

———— (2002d): *La Historia de la Tierra Media VI. La caída de Númenor*, trad. Estela Gutiérrez Torres, Barcelona: Minotauro.

———— (2000): *La Historia de la Tierra Media VII. El anillo de Morgoth*, trad. Estela Gutiérrez Torres, Barcelona: Minotauro.

———— (2002f): *La Historia de la Tierra Media VIII. La Guerra de las Joyas*, trad. Estela Gutiérrez Torres, Barcelona: Minotauro.

———— (2002g): *La Historia de la Tierra Media IX. Los pueblos de la Tierra Media*, trad. Estela Gutiérrez Torres, Barcelona: Minotauro.

———— (2002h): *La Historia de El Señor de los Anillos I. El retorno de la sombra*, trad. Teresa Gottlieb, Barcelona: Minotauro.

———— (2002i): *La Historia de El Señor de los Anillos II. La traición de Isengard*, trad. Elías Sarhan, Barcelona: Minotauro.

———— (2002j): *La Historia de El Señor de los Anillos III. La Guerra del Anillo*, trad. Estela Gutiérrez Torres, Barcelona: Minotauro.

———— (2002k): *La Historia de El Señor de los Anillos IV. El fin de la Tercera Edad*, trad. Elías Sarhan, Barcelona: Minotauro.

Tolkien, J.R.R. (2017): *Cuentos inconclusos de Númenor y la Tierra Media*, trad. Rubén Masera, Barcelona: Minotauro.

Wallace, Anna (2011): «A Wild Shieldmaiden of the North: Éowyn of Rohan and Old Norse Literature», *Philament*, 17, pp. 23-45. Disponible en: http://sydney.edu.au/arts/publications/philament/issue17_pdfs/wallace.pdf

Zimmer Bradley, Marion (1985): «Responsibilities and Temptations of Women Science Fiction Writers» en *Woman worldwalkers: new dimensions of science fiction and fantasy*, ed. Jane B. Weedman, Texas: Texas Tech University.

———— (1970): «Men, Halflings and Hero-Worship» en *Tolkien and the critics. Essays on J.R.R. Tolkien's The Lord of the Rings*, ed. Neil D. Isaacs y Rose A. Zimbardo, Indiana: University of Notre Dame Press.

Webgrafía

http://members.tripod.com/peter_jackson_online/lotr/articles/20_questions.htm

http://www.worldcrunch.com/culture-society/my-father-039-s-quot-eviscerated-quot-work-son-of-hobbitscribe-j.r.r.-tolkien-finally-speaks-out/hobbit-silmarillion-lord-of-rings/c3s10299/#.UO2swKzcySr

https://fancueva.com/cine-series/christopher-tolkien-asegura-que-peter-jackson-eviscero-al-trabajo-de-su-padre-convirtiendolo-en-una-pelicula-de-accion/

https://elanillounico.com/noticias

https://www.zendalibros.com/los-anillos-de-poder-apuesta-por-la-diversidad-con-fidelidad-a-tolkien/

https://www.xataka.com/cine-y-tv/derechos-senor-anillos-laberinto-afecta-a-que-anillos-poder-puede-contar-no

https://as.com/meristation/2022/10/11/noticias/1665483750_655884.html

https://www.xataka.com/streaming/no-sabemos-que-opina-gente-anillos-poder-amazon-esta-controlando-criticas-imdb

https://vandal.elespanol.com/noticia/r21289/brandon-sanderson-cree-que-los-anillos-de-poder-es-una-serie-muy-mediocre

https://www.vidaextra.com/series/estaba-teniendo-especie-crisis-mental-serie-anillos-poder-justifica-personaje-galadriel-adelanta-cambios-que-veremos-ella

https://www.xataka.com/streaming/galadriel-fue-personaje-polemico-anillos-poder-eso-cambiara-segunda-temporada/amp

https://www.religionenlibertad.com/cultura/439543783/estrenan-anillos-de-poder-cuanto-mantiene-tolkien-criticas.html

https://mormosofia.wordpress.com/2020/05/31/una-lectura-mormona-de-j-r-r-tolkien-primera-parte/

LA EVOLUCIÓN DE LA PERSPECTIVA ECOLÓGICA DE J. R. R. TOLKIEN A TRAVÉS DE LA REPRESENTACIÓN DE LOS ÁRBOLES Y LOS BOSQUES: DE EL HOBBIT A EL SEÑOR DE LOS ANILLOS

Andoni Cossio

La tesis doctoral que este capítulo de libro resume tiene el objetivo de trazar la evolución de la perspectiva ecológica de J. R. R. Tolkien por medio del análisis de los árboles y bosques desde *El Hobbit* a *El Señor de los Anillos*. Tras revisar los episodios biográficos e influencias que pudieron afectar a la representación de los árboles y espacios boscosos en *El Hobbit* y *El Señor de los Anillos*, se define el marco teórico de la ecocrítica, que se emplea para llevar a cabo el análisis. Después, se dividen los espacios boscosos en tres grupos de acuerdo con su tamaño (A [grandes], B [medianos] y C [pequeños]), y se separa a los árboles individuales por otro lado (D), para otorgar así a cada unidad un código alfanumérico con el fin de etiquetar a aquellos sin nombre, facilitando su estudio de esa manera. Los apéndices (A, B, C y D) contienen información adicional de cada uno de estos espacios boscosos o árboles individuales, y son complementados por un mapa de su distribución en el apéndice E. Una vez finalizadas las explicaciones pertinentes sobre el contexto, la metodología y especificaciones técnicas e información suplementaria, el estudio comienza con los árboles y bosques en *El Hobbit*, estudiando su valor narrativo, simbolismo e importancia para la economía de la Tierra Media. Esto nos permite comparar y contrastarlos más tarde con los de *El Señor de los Anillos*, analizando también el valor narrativo, simbolismo e importancia para la economía.

Esta exploración revela que el desarrollo de la visión medioambiental de Tolkien se manifiesta de manera más clara en la transición desde *El Hobbit* a *El Señor de los Anillos*, y que el cambio queda mejor reflejado en los árboles que en ningún otro elemento en las dos obras.

Este capítulo de libro es un tanto atípico. No se trata de un nuevo ensayo o contribución como cabría esperar. Tampoco es una reiteración o reelaboración de trabajos previos. Están ustedes delate de un resumen extendido de mi tesis doctoral, no publicada como monografía todavía y de acceso cerrado por el momento.[1] Aunque el resumen es somero, ya que por las características de la investigación ha de incluirse en su totalidad o en una versión terriblemente simplificada, puede servir como introducción en español a esta extensa obra redactada en lengua inglesa, que pronto será accesible. Sin más dilación, les dejo disfrutar del resumen.

La tesis doctoral comienza, tras unos breves agradecimientos, con una nota sobre el estilo de citación (MLA, octava edición) y las abreviaturas que se utilizarán a lo largo de la tesis, para introducir el capítulo primero de la misma, la introducción. Después, se proporciona el tema a estudiar: los árboles y bosques en la literatura mediante una sucinta introducción general (1.1. General Introduction). Esto da lugar al estado de la cuestión (1.2. State of the Art) que se divide en secciones que abarcan desde la bibliografía más general (1.2.1. General Scholarship on Nature in Tolkien's Works [estudios generales sobre la naturaleza en las obras de Tolkien]) a un enfoque algo más concreto (1.2.2. Scholarship on Plants in Tolkien's Works [estudios sobre plantas en las obras de Tolkien]), para terminar con la perspectiva más afín

---

[1] Para más detalles sobre la tesis doctoral, diríjase a la siguiente página web: http://hdl.handle.net/10810/56197.

al tema de la tesis (1.2.3. Scholarship on Trees and Forests in Tolkien's Works [estudios sobre árboles y bosques en las obras de Tolkien]). Tras una revisión exhaustiva, se identifica una laguna existente en el conocimiento actual sobre los árboles y bosques literarios de Tolkien, información que se pretende suplementar a lo largo de la tesis doctoral (1.3. Research Gap and Research Question). Se especifica que la tesis doctoral tiene el objetivo de trazar, por primera vez, la evolución de la perspectiva ecológica de J. R. R. Tolkien por medio del análisis de los árboles y bosques desde *El Hobbit* (1937) a *El Señor de los Anillos* (1954-1955). Tras lo cual se detalla el corpus, la estructura y el uso de las palabras clave (1.4. Justification of the Corpus, Structure, and Use of Key Terms). Se justifica la elección de centrarse únicamente en *El Hobbit* y *El Señor de los Anillos*, consultando sólo de manera complementaria las traducciones, obras académicas y obras literarias menores de Tolkien. Las razones son las siguientes: la primera, *El Hobbit* y *El Señor de los Anillos* son las obras más representativas y las únicas novelas terminadas; la segunda, los árboles y los bosques juegan un papel más prominente en estas obras que en cualquier otra de similar o diferente índole; la tercera, la evolución de la perspectiva ecológica de Tolkien es más marcada desde el comienzo de la redacción de *El Hobbit* hasta la publicación de *El Señor de los Anillos*. Es importante la explicación que justifica que a pesar de que Tolkien expresara su desacuerdo con la posibilidad de detectar símbolos en su obra, él mismo simbolizaba ciertos elementos de su creación literaria de manera consciente e inconsciente. Al mismo tiempo, es necesario explicar la aplicación del término *role* al papel que juegan los árboles y bosques en *El Hobbit* y *El Señor de los Anillos*. Este papel se subdivide de igual manera en otros dos términos que necesitan ser acotados y definidos: el valor narrativo o *plot value* y la economía o *economy*. En particular el uso de la palabra *economy* dista bastante de los usos actuales de la misma, y requiere justificar este uso idiosincrático partiendo del punto de vista de Tolkien respecto al utilitarismo.

Esta última subsección abre paso a la segunda parte que revisa los episodios biográficos e influencias que pudieron afectar a la representación de los árboles y espacios boscosos en *El Hobbit* y *El Señor de los Anillos* (2. J. R. R. Tolkien and Trees). Las evidencias biográficas dejan claro que Tolkien profesaba en su correspondencia, arte y escritos su profundo amor por los árboles a los que deseaba defender de sus destructores (2.1. Biographical Evidence). Este afecto por tales formas de vida comienza en su niñez, pero observamos como va evolucionando y volviéndose más radical a medida que Tolkien madura y envejece. Las inspiraciones literarias de Tolkien para sus árboles y bosques comienzan con textos religiosos y continúan cronológicamente con obras medievales, renacentistas, románticas y victorianas para llegar hasta la literatura más contemporánea, incluida la ciencia ficción (2.2. Literary Inspirations of Trees and Forests in Tolkien's Works). La segunda sección en su conjunto deja entrever que Tolkien fue decididamente influenciado por sus experiencias vitales y fuentes literarias para crear sus propios árboles y bosques en su legendario. Esto deja claro que Tolkien es un heredero de una tradición antediluviana que atribuye una importancia central a los árboles y bosques como seres y espacios que interactúan con la cultura y sociedad, y que de alguna manera constituyen nuestra humanidad.

En la sección tres, se define el marco teórico de la ecocrítica, que se emplea como metodología para llevar a cabo el análisis (3. Theoretical Framework and Methodology). En la primera parte de esta sección (3.1. Theoretical Framework) se presenta un resumen pormenorizado de la historia de la ecocrítica y se definen sus diferentes ramas (cornucopia, environmentalism, deep ecology, ecofeminism, social ecology/eco-Marxism y Heideggerian ecophilosophy), así como los términos ecocríticos clave que se utilizarán durante el análisis (anthropocentrism, ecocentrism, ecocide, hyperseparation, dualism y natureculture). El siguiente punto de la sección tres (3.2. Methodology and Its Application to Tolkien's Works) explica que para el fin de estudiar los árboles y bosques en la obra de Tolkien, *environmentalism* y *deep ecology* son las ramas que mejor se acomodan al análisis, tanto por la cercanía filosófica de las mismas con la ética medioambiental del autor como por su adecuación a las obras estudiadas.

Después, al comienzo de la cuarta sección (4. Analysis), se dividen los espacios boscosos en tres grupos de acuerdo con su tamaño (A [grandes], B [medianos] y C [pequeños]), y se separa a los árboles individuales por otro lado (D), para otorgar así a cada unidad un código alfanumérico con el fin de etiquetar a aquellos sin nombre, facilitando su estudio de esa manera. Los apéndices (A, B, C y D, Appendices: Trees in *The Hobbit* and *The Lord of the Rings*) contienen información adicional sobre cada uno de estos espacios boscosos o árboles individuales, y son complementados por un mapa de su distribución en el apéndice E.[2]

Una vez finalizadas las explicaciones pertinentes sobre el contexto, la metodología y especificaciones técnicas e información suplementaria, el estudio comienza con los árboles y bosques en *El Hobbit*, estudiando su valor narrativo, simbolismo e importancia para la economía de la Tierra Media (4.1. Trees in *The*

---

[2] Con la intención de ilustrar este resumen, el mapa de distribución se adjunta al final de este.

Hobbit). Primero, se analizan los bosques y espacios boscosos (los árboles individuales en *El Hobbit* son inexistentes) que yacen al oeste de las montañas nubladas (4.1.1. Trees in *The Hobbit* West of the Misty Mountains). En este estadio temprano del desarrollo de la conciencia ecológica de Tolkien, los bosques y espacios boscosos no son meros escenarios irrelevantes. Ya presentan indicios de una conciencia ambiental que comienza a desarrollarse, con preocupaciones implícitas por la deforestación y un simbolismo potente y evocador. La siguiente subsección muestra en mayor medida (4.1.2. Trees in *The Hobbit* East of the Misty Mountains) esta importancia incipiente. Su relevancia narrativa y económica aumenta, y los lectores se convierten en testigos de la gran precisión biológica con la que los bosques de *El Hobbit* han sido diseñados.

La subsección 4.1. nos permite comparar y contrastarlos más tarde con los de *El Señor de los Anillos*, analizando también el valor narrativo, simbolismo e importancia para la economía (4.2. Trees in *The Lord of the Rings*). Esta exploración revela que el desarrollo de la visión medioambiental de Tolkien se manifiesta de manera más clara en la transición desde *El Hobbit* a *El Señor de los Anillos*, y que el cambio queda mejor reflejado en los árboles que en ningún otro elemento en las dos obras. Desde la primera parte de este análisis (4.2.1. Trees in *The Lord of the Rings* until the Arrival in Rivendell) queda claro que Tolkien toma un camino diferente en *El Señor de los Anillos* en su representación de árboles y bosques. Para empezar, los árboles individuales aparecen, con una prominencia y relevancia que los convierte en emblemas de la obra prácticamente. También se visitan de nuevo cuatro espacios boscosos que hicieron su primera aparición en *El Hobbit*, pero sobre los cuales conocemos muchos más detalles como su extensión, especies de árboles que los forman o secretos desconocidos hasta entonces. Las subsecciones intermedias (4.2.2. Trees in *The Lord of the Rings* until the Breaking of the Fellowship y 4.2.3. Trees in *The Lord of the Rings* until the Defeat of Sauron) muestran una creciente conciencia ecológica, sobre todo con seres como los Ents o los Huorns. La última parte (4.2.4. Trees in *The Lord of the Rings* on the Journey Back Home) es quizá la más crucial ya que la restauración de los espacios boscosos se convierte en una prioridad para los protagonistas de la historia, que tratan de revertir los destrozos ecológicos causados por el enemigo común, Sauron.

Finalmente, las conclusiones demuestran que existen algunos espacios vacíos a rellenar en este campo de investigación que el proyecto doctoral ha conseguido suplir. Se logra trazar y encontrar unos patrones comunes en la aparición de los bosques y árboles en la literatura de Tolkien, así como indicar el simbolismo, valor económico y narrativo de ciertas especies de árboles, ligados a sentimientos y situaciones, y el uso de los bosques como espacios narrativos donde ocurren una serie de sucesos temáticamente relacionados. El objetivo general es el de destacar cómo Tolkien fomenta en su literatura una visión integradora y respetuosa de la mujer y del hombre en su relación con el medio ambiente. Esta unión podría evitar el desastre ecológico y establecerá las bases de una relación positiva de mutua conveniencia para ambas partes. El mundo comenzó a tomar conciencia de la importancia de la naturaleza y el crucial vínculo de esta con la humanidad durante la revolución verde en los años sesenta. No obstante, esta revelación ha seguido ganando peso hasta el punto de considerar la industrialización como un proceso necesario, pero que ha de ser controlado para reducir su impacto negativo en el entorno. La reivindicación de la obra de Tolkien como un panfleto ecologista no es uno de los propósitos del estudio, Sin embargo, bien es cierto que comprender su particular representación de la naturaleza puede promover sentimientos positivos hacia la conservación del entorno, y en particular hacia los árboles y los bosques. El entender el valor, el simbolismo y la importancia de estos seres vivos mediante el análisis literario, puede llegar a cambiar la percepción de las receptoras y receptores, e incluso promover conductas más positivas respecto al medio natural.

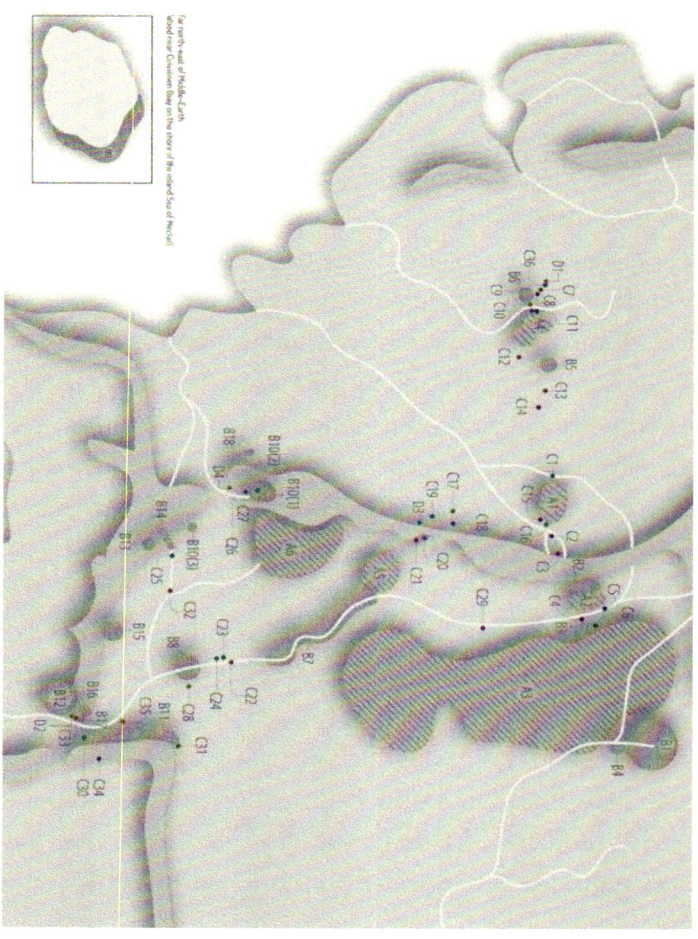

«*AN OLD STARVED PITIABLE THING*»:

LA EMPATÍA COMO ELEMENTO FUNDAMENTAL EN EL DESARROLLO NARRATIVO DE FRODO, SAM Y GOLLUM

Adriana Taboada González[1]

---

[1] El artículo que aquí se presenta extrae las ideas más relevantes sobre la empatía en los tres hobbits principales de *El Señor de los Anillos* recogidas en mi tesis doctoral titulada *A Ring to Rule Three Hobbits: Interdependency and Narrative Developtment of Frodo, Sam and Gollum in J. R. R. Tolkien's* The Lord of the Rings *(1954-1955)*, cuya realización fue posible gracias a la beca predoctoral otorgada por la Universidade de Vigo en el año 2017 y al financiamiento ofrecido por el grupo de investigación de la misma universidad, Language Variation and Textual Categorization, durante los mismos años.

Introducción

A finales de la década de los 30 y tras el inequívoco éxito de *El Hobbit* (1937), J. R. R. Tolkien decidió seguir la petición de su editor y comenzar a escribir la obra que más tarde llevaría por título *El Señor de los Anillos* (1954-1955). Si bien esta se concebía en un principio como una secuela de la primera, pronto consiguió tener un estatus propio gracias, en parte, al uso de un tono mucho más oscuro y al cambio en el ritmo narrativo. Todos ellos elementos que reflejaban, a su vez, la necesidad de un nuevo público lector, una audiencia de corte más adulto que aquella de la primera novela. A pesar de estas modificaciones, pronto ambas obras se volvieron inseparables, siendo a su vez imposible entenderlas fuera del contexto para el que se crearon: son, al fin y al cabo, una pincelada más en la Historia de la Tierra Media, el mundo secundario creado por el Profesor. Esta pincelada es, sin embargo, la que proporciona el hilo conductor al total del paisaje, pues es la que trae la salvación a los pueblos de la Tierra Media que se habían corrompido a lo largo de los años por la inevitable atracción del mal.

Del mismo modo en que, a pesar del limitado espacio temporal en el que suceden los eventos de ambas obras, estos son clave para la historia de la Tierra Media, los hobbits, aparentemente pequeños e insignificantes, cargan con gran parte del peso de la narración. De manera especial lo hacen Frodo, Sam y Gollum, los últimos tres Portadores del Anillo y que se encargan de forma directa de su destrucción. La interdependencia entre estos tres personajes y su desarrollo narrativo los enmarcan en un triángulo indivisible sobre el que recae el peso de la narrativa de *ESDLA*. De hecho, es la unión de los tres la que da como resultado el verdadero hobbit, aquel que sí es capaz de derrocar a las fuerzas de Sauron–siempre y cuando confiemos en la verosimilitud del relato y no caigamos en la tentación de la lectura que hace Miranda Boto (2023, 156) sobre «la terrible Verdad,» o posibles verdades, detrás de la muerte de Frodo. Este vínculo sólo es posible a través de la empatía desarrollada a lo largo de la narración, elemento fundamental para el devenir de los acontecimientos.

El objetivo principal de este capítulo no es sino analizar las diferentes maneras en las que esa empatía se genera en Frodo, Sam y Gollum, y el impacto que esta tiene en la narración. Para ello, comenzaremos dando unos pequeños apuntes sobre cada uno de estos hobbits, parándonos en aquellos detalles que son esenciales a la hora de encontrar las similitudes que hacen posible la identificación existente entre los tres y desencadenan esta interdependencia narrativa a la que nos referiremos más adelante. Al mismo tiempo, tendremos en cuenta que los tres hobbits comparten dos características básicas que los definen y son clave en su evolución, a saber, la búsqueda de conocimiento, motivada por una gran curiosidad, y el hecho de que los tres son portadores del Anillo Único. Esto será lo que nos lleve a analizar los procesos de identificación necesarios para desarrollar una empatía y una compasión que tendrán que ver directamente con la interdependencia y desarrollo narrativos ya mencionados. Este estudio se llevará a cabo poniendo en práctica una metodología literaria llamada *close reading*, una lectura minuciosa y detallada de la obra de Tolkien. Este método nos permite analizar la obra sacándola de su contexto histórico y político, centrándonos en las palabras empleadas, la sintaxis, el ritmo del texto y otros detalles que nos llevarán a estudiar el desarrollo de esa empatía a medida que el texto avanza.

Samsagaz Gamyi: de jardinero a Portador

Empecemos, pues, por analizar la figura de Sam, Samsagaz Gamyi, el jardinero bonachón que el propio Tolkien definió como «*most heroic*», o el más heroico, en sus cartas (Tolkien, 1981 [2006], 244). Aquel que nos recuerda el valor de la lealtad, de la humildad, de las cosas sencillas. Para poder estudiar su figura nos centraremos en tres aspectos fundamentales: su trabajo, su labor como guía del portador del Anillo, y su propia experiencia como portador.

Haciendo una lectura pormenorizada de la obra del Profesor, nos encontramos con este primer pasaje en el que el narrador nos presenta la figura de Samsagaz:

> [Hamfast Gamyi] había cuidado el jardín de Bolsón Cerrado durante cuarenta años, y anteriormente había ayudado al viejo Cavada en esas mismas tareas. Ahora que envejecía y se le endurecían las articulaciones, el trabajo estaba a cargo generalmente de su hijo más joven, Sam Gamyi. (Tolkien, 1991a, 34)

Lo primero que el público lector aprende o conoce de este personaje es su trabajo, su labor, heredada, como jardinero de Bolsón Cerrado. Lo siguiente que sabemos de él es que escucha con atención cada una de las historias que Bilbo cuenta sobre sus aventuras, sobre todo siempre que estas incluyan elfos, dragones y montañas encantadas. Es más, el Tío llega a confirmar que Sam aprende a leer y escribir gracias al jefe de ambos, que se preocupa por darle de alguna manera una educación al joven hobbit. Es curioso ver cómo en este punto tan poco avanzado del relato ya se enciende una pequeña alerta sobre las consecuencias que este aprendizaje puede conllevar, una especie de premonición por parte del Tío: «sin que ello signifique un daño, noten ustedes, y espero de veras que no le traiga ningún daño» (Tolkien, 1991, 37). El viejo Gamyi está hablando sobre su relación con los Bolsón y cómo a pesar de todo lo que Sam aprende de ellos, este conocimiento no tiene, a priori, ningún tipo de peligro. Teniendo en cuenta que los hobbits son conocidos por ser criaturas tranquilas y lejanos a las aventuras, cabría preguntarse cómo es posible que para Hamfast, experto granjero que debería estar al tanto de las posibles secuelas de plantar semillas, este tipo de conocimiento que Bilbo está cultivando en su hijo es inocuo.

Lo más destacable de esto, el quid de esta cuestión, es que, por supuesto, añadir esta información al principio del relato no es en absoluto algo baladí. En cualquier narración tan importante es lo que se dice, como lo que no se dice, como la manera en que se dice. El narrador de esta historia ha decidido que la prelación en la importancia de aquello que define a Sam es, en primer lugar, su trabajo y, después, su ansia por saber; estas serán, de hecho, dos piezas clave en la evolución del personaje. De igual manera, estos dos detalles son los que asegurarán la posibilidad real de que la historia continúe. Como explica Chance (2001, 42), Sam es el único del grupo de hobbits que se da cuenta, gracias a su vasto conocimiento en todo lo relacionado con la flora, de que El Viejo Hombre Sauce estaba pergeñando algo y salva al resto del primer peligro con el que se topan en el camino (Tolkien, 1991a, 160).

Sam empieza como jardinero de Bolsón Cerrado, aunque pronto (y por «pronto» me refiero a en el libro, no en la cronología de la historia) esta actividad se ve transformada por *castigo* de Gandalf en un momento clave en el que Frodo y el Mago están hablando de la historia del Anillo y todos los males que lo acompañan, y este último se da cuenta de que alguien está escuchando su conversación (Tolkien, 1991, 89). Cabe destacar, sin embargo, algo que ya hemos mencionado: Sam ansiaba ver aquello de lo que había oído hablar, estaba obsesionado con las criaturas mágicas y con las aventuras de Bilbo. Además, Merry y Pippin sospechaban que algo le sucedía al joven Bolsón y le pidieron a Sam que indagase (Tolkien, 1991a, 66). Si bien no se hace mención explícita a ningún tipo de estratagema para estar en el lugar adecuado y en el momento oportuno a sabiendas de lo que podría ocurrir, parece lógico sospechar que la medida tomada por Gandalf no era realmente un *castigo* para el jardinero, a pesar de las intenciones del mago.

Esto nos lleva a la siguiente labor de Sam en el relato: servir a Frodo. Sería lógico pensar que su trabajo como jardinero incluiría muy seguramente algún tipo de servidumbre hacia Frodo, pero esto no se hace evidente hasta el comienzo del viaje. Sam se convierte de algún modo en ese escudero fiel del que tanto hemos oído hablar. Su lealtad, de hecho, traspasa límites que quizás podamos cuestionar, pues, al fin y al cabo, en su encuentro con Galadriel y a pesar de ver en el espejo la ruina que sobrevendrá a la Comarca, a su tierra que tanto dice echar de menos, Sam decide no dar media vuelta para poder ponerlos sobre aviso (Tolkien, 1991a, 486-7). En cambio, determina continuar su travesía junto a su *master* Frodo. Por supuesto, esto es algo que será beneficioso a largo plazo para la destrucción del Anillo Único, pero ¿no resulta acaso algo contradictorio con esa imagen de bonachón, de hobbit preocupado por los suyos? Cierto es que la primera reacción de Sam al ver el posible futuro de la

Comarca es querer volver y es la dama Galadriel quien le advierte: «no puedes volver solo» (Tolkien, 1991a, 487). Sin embargo, la elfa no le prohíbe dar media vuelta, simplemente le recuerda que el camino lo ha de hacer acompañado, pues eso había declarado antes de asomarse al espejo. Cabría preguntarse por qué, si el hobbit era consciente de lo que se le podría revelar, insistió en que no volvería sin Frodo a la Comarca. A quién va dirigida esa lealtad: ¿a «la causa», a su *amigo* Frodo o a su *señor*?

Uno de los momentos más difíciles a los que se tiene que enfrentar Sam es la supuesta muerte de Frodo ante Ella-Laraña. En este momento el joven Gamyi suelta un lamento desde lo más profundo de su ser implorando a Frodo que por favor, «no se vaya a donde no pueda seguirlo» (Tolkien, 1991b, 446). Dejando a un lado lo emocional de esta desgarradora imagen, este momento nos sirve de puente al siguiente paso en la vida de Sam, que es su breve e intensa experiencia como Portador del Anillo. Samsagaz se ve en la obligación de coger el Anillo del no-cadáver de su *master* para intentar destruirlo él mismo, no sin cierta reticencia inicial. Una vez se ha hecho con el objeto, descubre con asombro que Frodo sigue vivo y entiende de inmediato que debe ir en su rescate (Tolkien, 1991b, 460).

Es importante destacar en este punto que el conocimiento que Sam tiene del Anillo es a través de lo que ve. Mientras que Frodo, como estudiaremos más adelante, tiene un conocimiento más práctico del objeto, basado en su propia experiencia portándolo, el de Sam es hasta este momento un conocimiento teórico de los estragos que puede ocasionar el Anillo, todo lo que sabe se lo han explicado otros. Es cierto que él sí que ve cómo afecta a Frodo ser el portador de este objeto, pero no es hasta ahora que lo experimenta por sí mismo. De esta manera podríamos considerar que el público lector es en cierta medida como

Sam: podemos percibir perfectamente los peligros que conlleva portar el Anillo, pero no lo llevamos puesto, y por ende no tenemos la experiencia necesaria para adquirir un conocimiento pleno de su funcionamiento.

El proceso de aprendizaje en el caso de Sam es, además, muy evidente, ya que pasa de prácticamente suplicarle a Galadriel que coja el Anillo, pues ella ha de saber cómo arreglarlo todo–y por tanto ignorando todas las historias y la información que había oído al respecto en sus múltiples espionajes–a darse cuenta enseguida de que Faramir, en cuanto ve el Anillo colgar del cuello de Frodo, lo quiere para sí. Este cambio está influenciado, a su vez, por haber estado en contacto con Gollum y ver de primera mano lo que el no cargar con el objeto puede provocar en un Portador.

Una vez que Sam se da cuenta de que Frodo sigue con vida, decide ponerse el Anillo Único, aún encontrándose en territorio enemigo, para intentar salvarlo. Sam vive en sus propias carnes lo que pasa cuando se utiliza el Anillo, y enseguida es consciente de las «mejoras físicas» pero también del peso de este objeto. El conocimiento que adquiere Sam del Anillo pasa así a ser práctico, siendo especialmente relevante este pasaje, donde queda plasmado que ni siquiera el bueno de Sam se libra de los efectos secundarios de portar la peligrosa joya:

> El Anillo lo tentaba ya, carcomiéndole la voluntad y la razón. Fantasías descabelladas le invadían la mente, y veía a Samsagaz el Fuerte, el Héroe de la Era, avanzando con una espada flamígera a través de la tierra tenebrosa, y los ejércitos acudían a su llamada mientras corría a derrocar el poder de Barad-dûr. Entonces se disipaban todas las nubes, y el sol blanco volvía a brillar, y a una orden de Sam el valle de Gorgoroth se transformaba en un jardín de muchas flores, donde los árboles daban frutos. No tenía

más que ponerse el Anillo en el dedo, y reclamarlo, y todo aquello podría convertirse en realidad. (Tolkien, 1991c, 223)

De primeras, Sam tiene unos pensamientos de grandeza que veremos son comunes a todos los portadores y que le hacen soñar enseguida con solucionar las cosas en la Tierra Media de una manera muy poco pacífica. Evoca esa imagen de elfo guerrero que más tarde imitará, en parte gracias a la influencia del uso del Anillo; sin embargo, vuelve aquí su primer trabajo y su bondad, haciéndole pensar enseguida en repoblar esta tierra yerma en un lugar fértil, un reflejo de lo que terminará haciendo con su Comarca natal (Tolkien, 1991c, 393).

Las consecuencias de su tiempo con el Anillo parecen lógicas. Por un lado, Sam, que hasta ahora no paraba de repetirle a Frodo que podría ayudarle a llevar la carga portándola él mismo, provocando casi sin querer la ira de su amo, entiende de manera directa lo que realmente supone para Frodo llevar el objeto al cuello. Es más, es esta experiencia la que hace posible esa escena épica en la que coge al joven Bolsón en hombros y lo carga Monte de Destino arriba, volviéndose uno con su señor—como así nos hace ver el narrador en la versión original, que desde ese momento y hasta que cada uno se mueve de manera individual, habla de ambos como si fuesen un solo individuo (Tolkien, 2007, 1231). Por otro lado, el haber llevado el Anillo obliga a Sam a entender un poco más la figura de Gollum.[2] Hasta ahora, todos los comentarios que hacía hacia el viejo hobbit eran tremendamente despectivos y faltos de confianza, pero a partir del momento en el que pasa a entender el Anillo de una manera práctica, Sam empieza a entender también a su portador más

---

[2] Waito (2010, 179) defiende, incluso, que el requisito último para sentir esta empatía y compasión hacia alguien que ha portado ya el anillo es, de hecho, el haberlo portado uno mismo.

longevo, llegando, en un momento dado a perdonarle la vida aun teniendo la oportunidad de matarlo. Nos dice el narrador, de hecho, que lo que se le viene a la cabeza es precisamente esa empatía hacia lo que Gollum puede sentir, una empatía que nace en cierto modo de la identificación:

> Pero en lo profundo del corazón, algo retenía a Sam: no podía herir de muerte a aquel ser desvalido, deshecho, miserable que yacía en el polvo. Él, Sam, había llevado el Anillo, sólo por poco tiempo, pero ahora imaginaba oscuramente la agonía del desdichado Gollum, esclavizado al Anillo en cuerpo y alma, abatido, incapaz de volver a conocer en la vida paz y sosiego. (Tolkien, 1991b, 284)

Ese miedo que Sam manifestaba al principio del viaje de convertirse en *«three precious little Gollums in a row»*,[3] es lo que en este instante alarga la vida de Gollum para desempeñar el papel que Gandalf avanzaba en su primera conversación con Frodo (Tolkien, 1991a, 85).

El Gollum, Sméagol

Una de las encrucijadas con la que nos topamos a la hora de analizar a este personaje es, sin duda, el momento en el que empezó todo. Si bien con Sam y Frodo este punto queda claro, ya que el narrador presenta a ambos al comienzo de *ESDLA*, el caso de Gollum es ligeramente distinto. La primera vez que el público lector se encuentra con este personaje es en *EH*, durante el duelo de acertijos que libra contra Bilbo; sin embargo, la historia de sus comienzos la conocemos en *ESDLA* a través

---

[3] He optado por añadir aquí la cita en su versión original porque la traducción al español empleada es confusa y deja a un lado la connotación clave de las palabras de Sam, pues ellos no se van a convertir en «tres pequeños *tesoros de Gollum*» (Tolkien, 1991a, 305, énfasis añadido), sino en «tres pequeños Gollum».

de Gandalf. Hasta ese momento, lo que sabíamos de este personaje es que es una «criatura» a la que se refieren con el pronombre *it*[4] y que no es precisamente agradable de ver. Sin embargo, en el momento en el que Gandalf cuenta la historia detrás de esta temible criatura, a quien conocemos es a Sméagol.

Sméagol era un hobbit perteneciente a los ancestros de la raza de los Fuertes que vivía en un agujero hobbit, bastante grande, a cargo de su abuela. Lo más relevante, sin embargo, es la descripción que se nos da de él como hobbit:

> El más preguntón y curioso de esa familia se llamaba Sméagol. Se interesaba en las raíces y orígenes subterráneos; se zambullía en lagos profundos, cavaba bajo los árboles y plantas, y abría túneles en los montículos verdes. Un día dejó de mirar hacia arriba, a la cima de las montañas, las hojas de los árboles o las flores que se elevaban en el aire; llevaba la cabeza y los ojos siempre hacia abajo. (Tolkien, 1991a, 76)

Era un joven hobbit interesado en aprender, en saber de dónde vienen las cosas, haciendo aquí un pequeño juego de palabras con el uso de «raíces», que puede tener una connotación literal, «las raíces de los árboles», o metafórica, «el origen de las cosas». No debemos olvidar que nada de lo que sabemos sobre este punto de su vida nos llega a través del propio Sméagol, sino a través de lo que Gandalf ha podido ir averiguando a lo largo de su búsqueda. Esto es destacable porque es muy curioso ver cómo en esta misma cita se hace especial hincapié en que a Sméagol le interesaba saberlo todo acerca de los elementos de la naturaleza que suelen permanecer oscuros y húmedos, aquellos

---

[4] En inglés, el pronombre *it* se utiliza para referirse a animales, cosas, situaciones, o ideas ya mencionadas en el texto.

que para poder descubrir es necesario destruir el entorno de alguna manera.[5] Poéticamente, Gandalf lo describe como que mantenía su mirada baja, buscando respuestas no en las cimas de las montañas y colinas sino en el suelo, bajo tierra. Una descripción bastante premonitoria sobre el destino que le esperaba al hobbit bajo las montañas.

Parece, de momento, que a grandes rasgos tenemos a un hobbit bien posicionado socialmente (aunque esto no se diga explícitamente, sí que se hace referencia al gran tamaño del agujero hobbit en el que vive, y el hecho de que proviene de una «familia respetable», tal como lo describe Arthur [1991, 20]) y con un ansia de conocimiento imperante. Rasgos similares a los que el narrador hace referencia cuando nos presenta a Frodo, e incluso, especialmente con respecto al segundo punto, a Sam.

Continúa Mithrandir su relato explicando cómo, durante un buen día de pesca, Sméagol se vio en la obligación de matar a su queridísimo primo Déagol para que este le diese, por fin, su tan merecido regalo de cumpleaños.[6] Nótese aquí el tono jocoso; Sméagol se hace con el Anillo de Poder a través del asesinato de Déagol, lo que dificulta cualquier futura redención. La invisibilidad que le confiere este poderoso objeto le da la excusa perfecta para ir tras ese ansiado conocimiento. El problema es que, probablemente por la propia influencia del Anillo, esta búsqueda de conocimiento ya no es meramente educativa. Sméagol va tras los secretos de otros para poder usarlos en su propio beneficio, consiguiendo así que lo expulsen de su hogar. A raíz de estos

---

[5] De hecho, en la versión original se utiliza el verbo *burrow*, traducido aquí como «cavar», que se refiere siempre a lo que hacen animales como los conejos, no a algo que hacen los seres humanos (o hobbits, en este caso).
[6] A pesar de que enseguida se aclara que Sméagol no estaba diciendo la verdad acerca de su cumpleaños, Tucev (2005, 99) indica que no iba demasiado desencaminado, pues, en cierto modo, este momento marca el nacimiento de esa nueva personalidad oscura y tenebrosa.

acontecimientos, va perdiendo su esencia hobbit, aquello que lo ponía en el mismo nivel que sus coetáneos, y se va transformando en la criatura Gollum, escapando de la luz del sol bajo la oscuridad de las Montañas Nubladas, a las que acude, por cierto, para poder descubrir todos sus secretos (Tolkien, 1991a, 76-77).

Una vez que Gollum pierde el Anillo, su ausencia le hace perder, a su vez, el interés que tenía por los secretos de las Montañas. Quizás con esto como excusa, decide salir a cobrarse su venganza hasta dar con Frodo y Sam. Si ya el duelo de acertijos dejaba entrever el recuerdo de experiencias similares con Bilbo, el contacto que Gollum tiene con Bolsón y Gamyi resulta fundamental para entender la complejidad real de este personaje. Sabemos la dualidad que presenta y que el narrador utiliza ciertos recursos para que, como lectores, sepamos en todo momento si quien está al mando es la personalidad Gollum o Sméagol.[7] Precisamente por esto mismo sabemos que, sobre todo en las primeras conversaciones con los otros dos hobbits, Gollum estaba siendo tremendamente manipulador. Él sabe qué decir y qué hacer para dar lástima, para convencer al otro de que no le haga daño. Esta manipulación demuestra un cierto grado de empatía, de entendimiento sobre lo que el otro siente y entiende, otorgándole una categoría distinta ya del *it* inicial.

Gollum pronto se convierte en el guía de los hobbits, prometiendo protegerles y conducirles hasta la puerta de Mordor. Todo con tal de que «Él» (Sauron) no pueda recuperar el Anillo.

---

[7] Un claro ejemplo del interés que tiene el narrador para distinguir entre las dos personalidades es el debate entre ambas que se produce cuando están cruzando las Ciénagas. Aquí, como introducción al mismo se explica que «Sméagol discutía con un interlocutor imaginario que utilizaba la misma voz, sólo que la pronunciación era entrecortada y sibilante», además «[u]n resplandor pálido y un resplandor verde aparecían alternativamente en sus ojos mientras hablaba» (Tolkien, 1991b, 311). Este último brillo verde ya se había mencionado anteriormente en relación con una serie de actitudes propias de la personalidad Gollum, por lo que esta escena resulta especialmente reveladora a la hora de aprender a distinguir quién está al mando en cada momento.

Si por un lado teníamos al escudero fiel, Sam, ahora tenemos, además, a un personaje que va a guiarles hasta territorio enemigo, e idealmente hacer que lleguen con vida–lo cual, todo sea dicho, no es nada fácil. Para esta empresa, vamos aprendiendo que Gollum no sólo recuerda cosas de la historia de la Tierra Media que le contaban antes de haberse topado con el Anillo, sino que incluso demuestra un conocimiento del terreno muy superior al de cualquier otro. Sirva de ejemplo el trayecto que hacen a través de la Ciénaga de los Muertos, y cómo Gollum, además de indicarles el camino correcto, cuenta a los hobbits a quién pertenecen los cuerpos encontrados (Tolkien, 1991b, 301; 304).

De igual relevancia es el hecho de que, como guía, Gollum es leal a Frodo, en la medida de sus posibilidades. Esta lealtad se explica en ese momento en el que jura llevarlo hasta Mordor, en el que incluso Sam se da cuenta de que la conexión que se produce en entre su amo y la criatura Gollum es algo de un nivel superior (Tolkien, 1991b, 290). El hecho de que ambos, Frodo y Sméagol, hayan pasado por penurias similares provocadas por el mismo objeto no hace sino ponerlos sobre una misma balanza, algo que el narrador adelanta: «[…] no eran dos seres totalmente distintos, había entre ellos alguna afinidad: cada uno podía adivinar lo que pensaba el otro» (Tolkien 1991b, 290-291). Sin embargo, Frodo no mató para poder tener el Anillo, y esa es la fina línea que separa al uno del otro. Aun así, esa línea se difumina cada vez más a medida que se adentran en territorio enemigo. La carga del Anillo es tal que Frodo no puede más que empatizar con la criatura que tiene delante y perdonarle la vida. A su vez, Gollum entiende en cierto modo el sufrimiento de Frodo, si bien esta comprensión se ve opacada cuando esta personalidad está al mando. Aquí viene pues, la clave de este personaje. Mientras que en un principio Gollum parece cambiar a su parecer entre una y otra personalidad, llega un momento en el que la reminiscencia de lo que un día fue dota de suficientes fuerzas a la personalidad Sméagol para tomar el control y expulsar, de manera temporal, a su malvado compañero.

Por todo esto podemos decir que la evolución de este personaje se refleja en la personalidad más dominante. Sméagol, en cuanto se convirtió en Portador del Anillo pasó a ser Gollum, y aún a pesar de los años de aislamiento y sufrimiento, el contacto con otros hobbits y la muestra de compasión por parte de Frodo hacen que Sméagol vuelva a aparecer con un rol fundamental. Es Sméagol el que caza para ellos, el que realmente se preocupa por buscar la mejor manera de llegar a la entrada de Mordor, el que entra en pánico cuando cree que no ha sido capaz de seguir órdenes. Sin embargo, la compasión y el entendimiento de Frodo no pueden ser suficientes. Sam, el bonachón, siente una repugnancia tal hacia el guía que no es capaz de mostrar una pizca de compasión hasta que es demasiado tarde. Nada parece convencer al jardinero de que Sméagol todavía tiene una posibilidad de redimirse. Ni al jardinero, ni a Faramir, pues en el Estanque Vedado ninguno de ellos es capaz de considerar a Gollum otra cosa que no sea un animal salvaje. Frodo intenta ayudar a Sméagol, pero Faramir lo atrapa, haciéndole creer que su propio amo le ha tendido una trampa. De igual manera, más tarde en el relato el narrador nos ofrece una visión de este personaje como una «*old starved pitiable thing*»[8] (Tolkien, 2007, 936).

---

[8] De nuevo, la traducción empleada no convence a quien escribe estas líneas, pues describe a Gollum como un «viejo *despojo* hambriento y lastimoso» (Tolkien, 1991b, 425; énfasis añadido). Si bien la palabra *thing* en inglés tiene diversas acepciones, una de las cuales en español sería 'cosa', la traducción ofrecida obvia una definición del término que resulta clave, según el Cambridge Dictionary Online: «*used after an adjective to refer to a person*

Una criatura digna de compasión, a la que los años le pesan de repente. Sam, ajeno a la escena y malinterpretando un cariñoso gesto, espanta a Sméagol, que, sin perder ni un segundo, cede el terreno ante Gollum (Tolkien, 1991b, 425).

No debemos olvidar, de todas formas, que a pesar de haber arrebatado a Sméagol su última oportunidad de redención, más tarde Sam sí es capaz de ver más allá de la criatura, de entender qué la llevó hasta este punto, de empatizar con ella. Ese será el momento que haga posible que Gollum, y no Frodo, salve la Tierra Media.

Frodo, o el Sr. Bolsón, de Bolsón Cerrado

A la hora de describir a Frodo, el narrador de esta obra recalca dos aspectos fundamentales: es el heredero de Bilbo, con todo lo que ello conlleva, y es un marginado. Un marginado en el sentido más amplio de la palabra, pues es considerado igual de «*queer*» (Tolkien, 2007, 31) que su tío y que el lugar en donde viven (no en vano nos recuerda el molinero que «Bolsón Cerrado es un lugar extraño, y su gente más extraña aún» [Tolkien, 1991a, 37]), además de ser un extranjero por venir del otro lado, «la orilla mala» del Brandivino (Tolkien, 1991a, 35).

Aunque a priori ser el heredero de Bilbo pueda parecer algo completamente positivo, lo cierto es que conlleva una serie de cargas materiales y otras intangibles que son difíciles de manejar. Como se puede comprobar, Bolsón Cerrado, así como el Anillo Único, tienen dos vertientes. Por un lado, la parte física de esta

---

or animal with love or sympathy» («usado después de un adjetivo para referirse a una persona o animal con amor y compasión»). Es decir, la palabra escogida en la versión original transmite una emoción muy diferente, pues no habla el narrador de un «despojo», sino que enfatiza con el empleo de «*thing*» la consideración de Gollum como un igual, un viejo hobbit al que sus experiencias vitales le han pasado factura.

herencia parece clara: Frodo pasa a ser propietario de un agujero hobbit de gran renombre y tamaño, de un Anillo precioso para tener escondido en un sobre, en un baúl, y luego llevar al Monte del Destino, además del dinero que el resto de hobbits presuponen que Bilbo tiene escondido.

Por otro lado, ser el heredero de Bolsón Cerrado implica ser la persona al mando de los Bolsón, ser el nuevo Bilbo, quizás, y por tanto, heredar también su reputación. De hecho, se nos dice incluso que Frodo, una vez Bilbo se va, empieza a tener un comportamiento bastante más ermitaño de lo que era anteriormente (Tolkien, 1991a, 62). A pesar de que Frodo reconoce en más de una ocasión su amor por la Comarca, no es capaz de no querer seguir los pasos de su tío y dejarla atrás. Oportunidad que le viene de la mano del Anillo Único. Con este objeto, además de la propia joya, Frodo hereda otro estatus social, el de Portador del Anillo. Utilizo aquí 'estatus social' porque en más de una y de dos ocasiones a Frodo se le trata con especial reverencia por la aventura que está a punto de acometer. Por supuesto, también implica una serie de sufrimientos y experiencias que el propio Bilbo lamentará haber dejado como parte de su legado (Tolkien, 1991a, 313).

Este nuevo estatus del que goza Frodo trae consigo también ese deseo que ya anticipamos de querer dejar la comarca atrás. De hecho, en un momento a priori sin demasiada importancia, el narrador nos cuenta cómo Frodo, que ya tiene en su haber el Anillo, está disfrutando de su nuevo rol como el Señor de Bolsón Cerrado aunque de vez en cuando tiene ese deseo, esa ansia de explorar el mundo, mencionando concretamente unas «extrañas montañas» (Tolkien, 1991a, 62). Al igual que le sucede al resto de Portadores, hay un momento de engrandecimiento personal provocado por el Anillo que puede tener mayor o menor repercusión en la narración. Sam lo tendrá tiempo después, como ya se ha mencionado, pero también Gollum experimenta un momento así. En uno de los debates que mantienen ambas personalidades, mientras piensan en lo que haría si se volviesen a encontrar con el Anillo entre sus manos, Gollum se llama a sí mismo «*El* Gollum» (Tolkien, 1991b, 312) utilizando ese artículo «el» de una manera muy similar–incluyendo el formato, pues ambas citas emplean la cursiva en el texto original y traducido–a la que se emplea cuando Frodo tiene estos pensamientos: «encontró bastante agradable ser su propio amo, *el* Señor Bolsón de Bolsón Cerrado» (Tolkien, 1991a, 62).

Al mismo tiempo, recordemos que Sméagol tenía un interés especial en las montañas, en conocer sus secretos. Interés que compartía Bilbo, quien abandona la comarca porque quería volver a ver las «*montañas*» (Tolkien, 1991a, 49; énfasis en el original). No quiere decir esto, por supuesto, que el Anillo necesariamente obligue a sus portadores a viajar a las montañas, pero sí parece despertar un cierto interés por la aventura, o bien removerlo si ya había estado activo alguna vez. Lo que sí que nos indica es que, desde un principio, los dos Bolsón y Sméagol comparten una serie de características que facilitarán–más allá de su experiencia compartida–esa identificación que los lleva a sentir empatía por el otro. De hecho, Frodo es el primer personaje que trata al viejo hobbit como a un igual, llamándolo por su antiguo nombre y mostrando cierto grado de preocupación por su bienestar.

La experiencia de Frodo como portador del Anillo es sin duda la más peculiar para el público lector, pues es, junto con la de Sam, la que presenciamos de principio a fin. A pesar de que no llegamos a saber demasiado sobre Frodo antes de que el Anillo llegue a su poder, el narrador tiene una tendencia a contar la historia desde el punto de vista de este hobbit, si bien mantiene el uso de la tercera persona. Esto es particularmente interesante porque hace que, a fin de cuentas, quien lea el texto empatice en mayor medida con Frodo.

El nuevo Señor Bolsón tiene un conocimiento privilegiado sobre el funcionamiento del Anillo. Por un lado, lleva la carga y experimenta en sus propias carnes lo que es. Por otro, y antes de que realmente el Anillo suponga algo inasumible, Gandalf le explica todo lo que sabe acerca de su origen, datos que se complementan con todo lo que se relata en el Concilio de Elrond (Tolkien, 1991a, 79-80; 340-344). Esta es la clave de la manera en la que Frodo consigue resistir en gran medida su poder, al menos hasta caer en la tentación en el Monte del Destino (Tolkien, 1991c, 285). Esta forma de conocer el Anillo conlleva a su vez una posición única frente a la empatía que siente por Gollum, una que, como ya hemos visto, viene de su capacidad de identificarse con él. Sin embargo, Frodo fracasa; el hobbit no es capaz de dar el último paso en su misión y completarla. No de una manera literal.

Conclusión

Como si de *EH* se tratase, volvemos al comienzo de este capítulo para poder dar las pinceladas finales, en un viaje de ida y vuelta. Tras haber analizado los tres personajes y su desarrollo, podemos concluir que fue precisamente algo tan nimio—y sin embargo tan complejo—como una serie de coincidencias lo que permitió que Frodo, Sam y Gollum confluyesen en un mismo punto espacio-temporal y, en última instancia, se pudiese salvar la Tierra Media. No, Frodo no destruyó el Anillo Único, pero fue capaz de utilizar su propia experiencia para poder entender a Gollum. Del mismo modo, Sam, si bien más tarde de lo que la narración parecía permitir, consiguió llegar a ese punto de entendimiento, de empatía, que le impidió dar la estocada final al que fue su guía. Y Gollum, aún habiendo tenido muchas oportunidades, cumplió con su palabra de llevar a los hobbits a Mordor, movido también por la emoción de ver su reflejo, actual y de antaño, en sus nuevos compañeros de viaje.

Los tres hobbits son marginados a su manera: Sam porque, a pesar de ser de clase obrera tiene una sed de aventuras impropia de su estatus, Frodo por venir del lado incorrecto del Río Brandivino y vivir con el tío excéntrico de la Comarca, Sméagol por tener una inquietud y curiosidad especiales por aquello que otros no consideran relevante. El narrador, quizás sin ser plenamente consciente de ello, o siéndolo a más no poder, nos va preparando para que podamos poner a los tres hobbits en la misma balanza en algún momento dado. Los tres son los últimos portadores del Anillo, y su manera de vivir con esa carga determinará finalmente el discurrir de la narración.

Bibliografía

Arthur, E. (otoño 1991). Above All Shadows Rise the Sun: Gollum as a Hero. *Mythlore 18*(2), 19-27.

Chance, J. (2001). The Lord of the Rings: *the Mythology of Power*. The University Press of Kentucky.

Miranda Boto, J.M. (2023). *El derecho en Tolkien*. Ediciones Cinca.

Tolkien, J. R. R. (2006 [1981]). *The Letters of J.R.R. Tolkien*. Editado por Humphry Carpenter and Christopher Tolkien. HarperCollins.

Tolkien, J. R. R. (1937) *The Hobbit*. George Allen & Unwin Ltd.

Tolkien, J. R. R. (1991a). *El señor de los anillos: la comunidad del anillo*. Traducido por Luis Domènech. Ediciones Minotauro.

Tolkien, J. R. R. (1991b). *El señor de los anillos: las dos torres*. Traducido por Matilde Horne y Luis Domènech. Ediciones Minotauro.

Tolkien, J. R. R. (1991c). *El señor de los anillos: el retorno del rey*. Traducido por Matilde Horne y Luis Domènech. Ediciones Minotauro.

Tolkien, J. R. R. (2007 [2004]). *The Lord of the Rings*. Nota sobre el texto de Douglas Anderson. HarperCollins. [esta edición está dividida en tres volúmenes con paginación continua: *The Fellowhip of the Ring*, *The Two Towers*, and *The Return of the King*]

Tucev, N. (2005). The Knife, the Sting and the Tooth: Manifestations of Shadow in *The Lord of the Rings* en T. Honegger (Ed.), *Reconsidering Tolkien* (pp. 87-105). Walking Tree Publishers.

Waito, D. M. (primavera-verano 2010). The Shire Quest: «The Scouring of the Shire» as the Narrative Thematic Forms of *The Lord of the Rings*. *Mythlore 28*(3), 155-177. https://www.jstor.org/stable/26814918

Este conjunto de ensayos sobre la obra de
J . R . R .   T O L K I E N
*se terminó de componer en las
colecciones de la editorial*
LEGENDARIA
*el día 30 de abril
del año 2024.*